KB126518

좋은 문장 표현에서 ——— 문장부호까지!

문장부호까지!

국립국어원 온라인가나다
선생님의 문장 교실

이수연 지음

좋은 문장 표현에서

마리북스

머리말

어정쩡하지 않게, 짜임새 있게

언어는 살아 있는 유기체입니다. 방치하면 죽어 버리지요. 그래서 우리는 우리가 쓰는 언어를 정성껏 돌봐 줘야 합니다. 지금 내가 쓰고 있는 말과 글을 보살펴 준 적이 있는지 한번 돌아보세요. 사람들에게 우리말과 우리글을 '사랑'하느냐고 물으면, 열에 아홉이 그렇다고 대답합니다. 그렇다면 그 대답에 걸맞은 태도와 행동은 무엇일까요?

국어 전문가의 눈에는 우리의 언어 공동체 현실이 참 안타깝습니다. 여기저기 넘쳐 나는 영어 표현 때문에 우리 말글이 뒷전으로 밀릴 때가 많습니다. 우리말 규칙에 맞는 올바른 표현을 쓰는 일에 크게 신경을 쓰지 않는 듯한 모습도 자주 봅니다.

그런 안타까움이 쌓이고 더해져 이 책을 쓰게 되었습니다. 《좋은 문장 표현에서 문장부호까지!》는 우리말과 우리글을 좀 더 올바르고 품격 있게 표현하게 해 주는 책입니다. 좀 더 정확한 표현을 하고 싶은데 자꾸 어정쩡하고 어색한 표현을 하게 될 때에 이 책을 펼쳐 보면 도움을 받을 수 있습니다. 여러분의 갑갑한 마음을 해소해 주는 열쇠가 될 것입니다.

책 내용은 지난 17년 동안 국립국어원 온라인가나다에서 일하면서 받았던 질문들, '찾아가는 국어문화학교' 강사로 강의하면서 받았던 질문들을 바탕으로 합니다. 책의 차례를 훑어보고 당장 궁금한 내용만 찾아 봐도 좋고, 처음부터 차근차근 읽어 봐도 좋습니다. 어쩌면 '아하!' 또는 '어머나!' 하고 깨달음의 감탄사가 나올지도 모르겠습니다. 책의 곳곳에 올바른 우리말 규칙이 담겨 있어서 그동안 알쏭달쏭했거나 잘 몰랐던 문제가 해결되면서 언어생활에 바로 적용할 수 있을 것입니다.

어정쩡하지 않게(모호하거나 어중간하지 않게), 짜임새 있게(체계적이고 간결하게) 표현하는 것이 좋다는 데에는 많은 사람들이 동의합니다. 그러면서도 내가 습관적으로 쓰는 표현 하나 달라진다고 무에 그리 큰 변화가 있을까 하고 지나쳐 버리기도 합니다. 단언컨대, 짜임새 있는 표현은 내 말과 글의 신뢰도와 소통력을 높여 언어생활과 더불어 사회생활을 부드럽고 순조롭게 만들어 줍니다.

우리는 우리말을 모국어로 쓰면서도 우리말이 어렵다고 말하곤 합니다. 외국어 공부에 비해 관심을 덜 갖고 공부를 덜 해서 그렇지, 조금만 더 국어에 관심을 두고 공부하면 어렵지 않습니다. 문법적인 설명도 최대한 쉽고 지루하지 않게, 핵심만 짚어 흥미롭게 서술하려 노력했습니다. 이 책이 계기가 되어 독자들이 국어를 더 공부하고 사랑하며 존중하게 되기를 바랍니다.

끝으로, 나의 힘이 되시는 하나님, 내 곁에서 격려해 주는 가족들, 지인들에게 고맙습니다. 그리고 국립국어원 온라인가나다의 문을 두드려 주고, 강의실에서 소통하면서 저를 지금의 국어 전문가로 성장시켜 준, 우리 말글을 소중히 여기는 우리 국민들에게도 진심 어린 감사 인사를 빼놓을 수 없습니다.

2024년 1월

이수연

차례

1장
의미에 맞는 적절한 표현으로

글을 쓰면서 이 문맥에는 어떤 단어를 써야 할까 고민스러울 때가 있습니다. 그럴 때 해결책은? 예전에 쓴 글을 들추거나 적당히 넘어가기? 잠깐, 국립국어원 누리집에서 국어사전을 한번 찾아보면 어떨까요? 30초만 들이면 '의미' 없는 언어 습관을 깰 수 있습니다. 시간 없이 날짜만 있는데 '일자'가 아닌 '일시'로 쓰거나 비교, 대조할 대상도 없는데 '참고'가 아닌 '참조'를 쓰는 일은 없을 거예요.

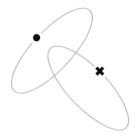

**'되도록, 가능하면'을 뜻하면
'가능한' 뒤에 '한'을 쓴다**

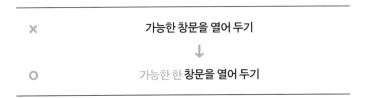

×   **가능한 창문을 열어 두기**

↓

○   가능한 한 **창문을 열어 두기**

'가능한 한'이라는 표현이 있습니다. '한'이 연달아 나와서인지 '가능한 한'으로 써야 하는데 이 뜻과 전혀 다른 '가능한'으로 쓰는 경우를 많이 봅니다.

    코로나19를 예방하기 위한 사회적 거리 두기 안내문에서도 그런 표기들을 발견했습니다. 일부만 발췌하여 예문으로 옮겨 봅니다.

- 가능한 서로 마주 보지 않고 한 방향을 바라보도록 앉기
- 가능한 포장 및 배달 주문 등 이용하기
- 가능한 창문을 열어 두기

위 예문들에서 공통으로 고쳐야 할 부분이 있는데 바로 '가능한'입니다. 이는 '가능한 한'이나 '가능하면', '되도록'으로 바꾸어야 합니다. '가능한 포장'이라고 하면 '포장이 가능하다'라는 뜻을 나타내어 '가능한 한/가능하면/되도록 무엇을 하기'와는 전혀 다른 뜻이 됩니다.

'가능한' 뒤에 이어지는 '한'은 '조건'의 뜻을 나타내는 말로 주로 '-ㄴ/-는 한' 구성으로 쓰입니다. 즉 '가능한 조건에서'라는 뜻이라면 '가능한' 뒤에 '한'이 오는 '가능한 한'으로 표현해야 하지요. '문제가 없는 한', '내 힘이 닿는 한'처럼요.

'가능한 한'이 어색하게 느껴져도 '한'을 빠트리면 안 됩니다. 그러므로 위 예문들은 아래와 같이 바꾸어야 하고, '가능한 한' 대신 '가능하면'이나 '되도록'을 쓸 수도 있습니다.

- 가능한 한 서로 마주 보지 않고 한 방향을 바라보도록 앉기
- 가능하면 서로 마주 보지 않고 한 방향을 바라보도록 앉기
- 되도록 서로 마주 보지 않고 한 방향을 바라보도록 앉기

- 가능한 한 포장 및 배달 주문 등(을) 이용하기
- 가능하면 포장 및 배달 주문 등(을) 이용하기
- 되도록 포장 및 배달 주문 등(을) 이용하기

- 가능한 한 창문을 열어 두기
- 가능하면 창문을 열어 두기
- 되도록 창문을 열어 두기

그렇다면 다음 문장은 어떻게 고쳐야 할까요?

- **가능한 상대방을 무시하거나 비하하는 말은 삼가야 한다.**

역시 문법적으로는 '가능한' 대신 '가능한 한'이나 '가능하면'이나 '되도록'을 써야 합니다. 그런데 여기서는 '가능한 한'을 빼는 것이 좋습니다. 상대방을 무시하거나 비하하는 말은 '가능한 한' 안 하는 것이 아니라 '아예' 안 해야 하니까요. 따라서 아래와 같이 쓰는 것이 바람직합니다.

- 상대방을 무시하거나 비하하는 말은 하지 말아야 한다.

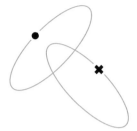

붙여 쓰는 '-들'과
띄어 쓰는 '들'

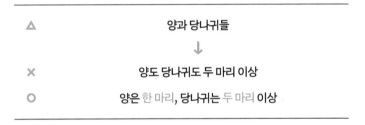

△	양과 당나귀들
	↓
✕	양도 당나귀도 두 마리 이상
○	양은 한 마리, 당나귀는 두 마리 이상

사람들은 보통 '들'이 여럿을 의미한다고만 여깁니다. 하지만 접미사 '-들'과 의존명사 '들'이 있고 이들은 의미가 다릅니다. 접미사 '-들'은 '둘 이상의 수(복수)'를 뜻합니다. 의존명사 '들'은 두 개 이상의 사물을 나열할 때에 그 열거한 사물 모두를 가리키거나, 그 밖에 같은 종류의 사물이 더 있음을 나타냅니다.(의

존명사 '들'은 뜻이 두 개입니다.)

그렇다면 아래 문장들은 어떻게 해석될까요?

- 양들과 당나귀들을 팔아서 번 돈이었다.
- 양과 당나귀들을 팔아서 번 돈이었다.
- 양과 당나귀 들을 팔아서 번 돈이었다.

첫 번째 문장은 '양도 당나귀도 두 마리 이상', 두 번째 문장은 '양은 한 마리, 당나귀는 두 마리 이상'이라는 뜻을 나타냅니다. 세 번째 문장은 '양 한 마리와 당나귀 한 마리' 또는 '양과 당나귀 외의 다른 동물까지'라는 뜻을 나타내지요. '–들'이 어디에 붙어 있는지, 어떤 뜻을 나타내는 '들'인지에 따라 해석이 다르므로 표현 의도에 알맞게 써야 합니다.

그런데 뜻은 첫 번째 문장인데 두 번째 문장처럼 표현하거나 '양과 당나귀를 팔아서'와 같이 '–들'을 안 붙이기도 합니다. 이는 '과'로 묶인 '양과 당나귀'를 하나의 단위로 인식한 것일 수도 있고, 우리말에서는 복수인데도 '–들'을 쓰지 않기도 하는 방식 때문일 수도 있습니다.

예를 하나 더 들면 '학생, 교수, 시민'이 복수인 상황을 표현하는 데에 다음과 같은 문장들이 다 나올 수 있습니다.

- 학생들과 교수들과 시민들에게 제공됐다.
- 학생과 교수와 시민에게 제공됐다.
- 학생과 교수와 시민들에게 제공됐다.

이러한 현상은 우리말에서 '–들'의 쓰임이 문법적으로 엄격하지 않기 때문입니다. 그러나 '–들'이 엄연히 복수의 뜻을 더하는 접사로 쓰이므로 '–들'이 있고 없고가 이해와 해석에 영향을 미칩니다. 이 점을 꼭 기억해 두어야 합니다. 자신이 표현하려는 뜻이 제대로 나타날 수 있도록 문법 요소를 제자리에 잘 써야겠지요. 그러니까 모두가 복수라면 '양들과 당나귀들을 팔아서/양들, 당나귀들을 팔아서', '학생들과 교수들과 시민들에게/학생들, 교수들, 시민들에게/학생들과 교수들, 시민들에게'와 같이 쓰는 것이 정확합니다.

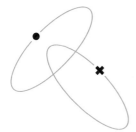

의존명사 '등'의
두 가지 쓰임

○   고등어구이, 미역국, 조개젓, 김치, 쇠고기볶음 등

○   수원, 안양, 부천 등 세 곳

'등'이 많이 쓰이는데 '등'의 뜻이 한 가지가 아니라고 하면 대부분 "정말요?"라며 놀라곤 합니다. 의존명사 '등'의 뜻은 아래와 같이 두 가지입니다.

   ① (명사나 어미 '-은', '-는' 뒤에 쓰여) <u>그 밖에도 같은 종류의 것</u>
      <u>이 더 있음</u>을 나타내는 말

   ② (명사 뒤에 쓰여) 두 개 이상의 대상을 열거한 다음에 쓰여, <u>대</u>

①의 뜻으로는 아래와 같은 예들을 들 수 있습니다.

- 정치, 군사, 경제, 사회 등 여러 면에 걸친 개혁
- 주인공의 성격이나 행동 등이 잘 나타난 대목
- 고등어구이, 미역국, 조개젓, 김치, 쇠고기볶음 등 상다리가 부러지게 차렸다.

그리고 다음은 ②의 뜻으로 쓰인 예들입니다.

- 대통령은 내일부터 영국, 프랑스, 스웨덴 등 3개국을 순방한다.
- 경기도 내 수원, 안양, 부천 등 세 곳에 대규모 산업 단지가 들어설 예정이다.
- 남부군 사령부의 주최로 거리가 가까운 전남, 전북, 경남 등 3도 유격대의 씨름 선수를 초빙하여 씨름 대회를 열었다.

한편 '등'을 쓸 때에 아래와 같은 의문이 들기도 하지요.

'호두나 땅콩 등의 견과류'와 같이 비슷한 속성의 대상들을 '등'

으로 열거할 때에 두 개나 세 개 이상 나열한 뒤에 붙여야 한다고 알고 있습니다. 그런데 일상에서는 물론이고 뉴스나 신문에서도 '사우디 아람코 등 여러 국영 기업들을 민영화'와 같이 단어 하나 뒤에 바로 '등'을 쓰는 경우가 매우 많습니다. '등'의 쓰임을 알려 주세요.

앞에서 '등'의 쓰임 두 가지를 보아서 알 수 있듯이 '등' 앞에는 단어가 두 개 이상 나오는 것이 전형적입니다. 위 질문에서 말하는, 단어 하나 뒤에 '등'을 쓰는 문제는 ①의 '등'과 관련이 있습니다. 다만 그와 같이 쓰는 방식은 '등'의 전형적인 쓰임이 아니기는 합니다.

그런데 전형적인 쓰임이 아니라는 말이 틀렸다는 뜻은 아니에요. 불가피하게 단어 하나 뒤에 '등'을 쓸 수밖에 없는 경우도 있습니다.

그리고 대개는 ①과 같이 쓰이는 '등'은 잘 아는데 ②와 같이 쓰이는 '등'은 모르는 경우가 많습니다. 하지만 예문을 자세히 살펴보면 ②의 '등'은 '3개국', '세 곳', '3도'와 같이 한정되는 대상의 수를 써 주므로 ①의 '등'과 구별할 수 있습니다.

한 걸음 더
'등'의 의미 구별

①의 '등'과 ②의 '등'은 모두 의존명사이므로 앞말과 띄어 적어야 합니다. 그러다 보니 띄어쓰기만으로는 구별이 안 되어 어떤 '등'이 쓰였는지 파악하기 어렵다고들 합니다. 이때는 이미 설명했듯이 ②의 '등'은 한정되는 대상의 수와 함께 써 주면 됩니다.

그런데 꼭 그러한 방식으로만 쓰이지는 않으므로 그 둘을 구별하기가 쉽지만은 않습니다. 이러한 어려움이 있어서인지 '등'의 두 가지 쓰임을 임의로 정한 띄어쓰기로, 즉 하나는 띄고 하나는 붙이는 방식으로 구별하여 쓰는 경우도 있다고 합니다. 그러나 이는 규범을 바탕으로 한 표기가 아닙니다.

구별해야만 하는 사정도 있겠지만, 우리말을 표기하는 규칙인 '한글 맞춤법-띄어쓰기'에 따른 표기를 무엇보다 우선시해야 하므로 어떤 '등'을 쓰든지 간에 의존명사인 '등'은 앞말과 띄어 쓰기 바랍니다.

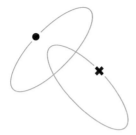

'선택'에는 '-든지',
'과거'에는 '-던지'

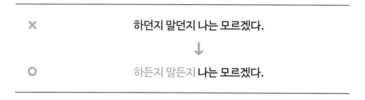

✕   하던지 말던지 나는 모르겠다.

↓

○   하든지 말든지 **나는 모르겠다.**

발음이 표기에 영향을 많이 줍니다. 따라서 [던지] 와 [든지] 를 구별해서 발음하지 않고 이도 저도 다 [던지] 로 하거나 [든지] 로 하면 표기할 때에 많이 헷갈리겠지요. 아래와 같은 질문을 한 사람도 마찬가지였을 것입니다. '-던지'로 써야 할지, '-든지' 로 써야 할지는 국립국어원 온라인가나다에 심심찮게 올라오 는 질문입니다.

'본인이 직접 그 일을 하시든지/하시던지', '사퇴를 하시든지/하시던지' 이 둘 중에 어떤 게 맞나요?

'선택'의 뜻을 나타낼 때에는 '−든지'를, '과거 사실'을 뜻할 때에는 '−던지'를 씁니다. 이 질문에서는 '그 일을 하는 것', '사퇴하는 것'에 대해 '선택'하는 뜻을 나타내므로 '−든지'가 쓰여야 합니다.

다른 예로 '하던지 말던지 나는 모르겠다'와 같은 경우 역시 '선택'의 뜻을 나타내므로 '하든지 말든지 나는 모르겠다'로 써야겠지요.

'−던지'는 과거에 있었던 어떤 일을 말할 때에 쓰입니다. 따라서 '그날 정말 멋있더라/멋있더구나'와 같이 쓰이는 회상시제의 '−더−'를 생각하면 '드'가 아닌 '더' 형태를 써서 '−던지'로 쓰는 것을 이해할 수 있습니다.

○ **의미가 '선택'일 때** ('드' 형태를 쏨) **'−든(지)', '−든가'**
  • 먹든지 말든지
  • 먹든 말든('−든'은 '−든지'의 준말이다.)
  • 하든가 말든가
  • 손을 흔들든가 고개를 끄덕이든가 하는 행동으로 뜻을 전달할 수

있다.

- 상황을 보고 나서 출발하든가 기다리든가 결정하자.

○ **의미가 '과거 일'일 때** ('더' 형태를 쏜) **'-던지', '-던가'**

- 그날 얼마나 춥던지 내내 오들오들 떨었다.

- 내가 그때 그런 말을 했던가?

- 친구가 그날 노래를 얼마나 잘하던지 깜짝 놀랐다.

- 혹시 내가 그렇게 처신했던가 싶어서 걱정했다.

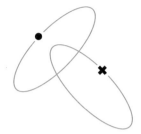

의미가 가까우면 '-고', 비교적 멀면 '-며'

?   친구이며 친구 동생이고 옆집 사람이다.

↓

O   친구이고 친구 동생이며 옆집 사람이다.

다음과 같이 세 개의 절을 연결해야 하는 경우가 있는데 이때 '-고'나 '-며'와 같은 연결어미를 쓸 수 있습니다. 모두 '-고'로 쓸 수도 있고 '-며'로 쓸 수도 있지요. 이렇게 '-고'와 '-며'를 함께 쓸 때에 둘 중에서 어떤 어미부터 쓸까 생각해 본 적이 있나요?

- 이 사람은 친구이고, 저 사람은 친구 동생이며, 그 사람은 옆집 사람이다.
- 이 사람은 친구이며, 저 사람은 친구 동생이고, 그 사람은 옆집 사람이다.

첫 번째 문장과 두 번째 문장 중에서 어느 문장이 더 자연스러운가요? 첫 번째 문장이 좀 더 매끄럽게 느껴지지 않나요? 이는 '-고'와 '-며'의 특성과 관련이 있습니다. '-고'는 '-며'에 비해 의미상 더 밀접한 내용을 연결하는 데에 쓰입니다.

'오고 가는 정', '높고 낮은 산봉우리'로 쓰고 '오며 가는 정', '높으며 낮은 산봉우리'처럼 쓰지 않는 이유도 그래서라고 봅니다. '오다-가다', '높다-낮다'는 반의어인데 반의어는 딱 하나의 요소에서만 차이가 나고 다른 부분은 같은, 의미상 가까운 사이입니다.

위의 예에서도 '친구-친구 동생'이 '친구 동생-옆집 사람'보다 가까우므로 첫 번째 문장이 자연스럽습니다.

예를 하나 더 볼까요. 절이 세 개 연결될 때 아래 신문 기사처럼 '-며'가 다 쓰일 수 있기는 합니다. 하지만 같은 어미를 두 번 쓰지 않고 하나를 '-고'로 바꾼다고 할 때에 어느 쪽에 있는 '-며'를 '-고'로 바꾸면 좋을까요?

- 취업률은 75%이며 주로 어업과와 기관과 졸업생은 승선을 하며 가공학과는 식품이나 냉동 업체에 취업합니다.

다음 두 문장 중에서 과별 졸업 후 진로 내용은 '-고'로 연결하고, 이 내용과 '취업률' 내용은 '-며'로 연결한 첫 번째 문장이 알맞다고 봅니다.

- 취업률은 75%이며, 주로 어업과와 기관과 졸업생은 승선을 하고 가공학과는 식품이나 냉동 업체에 취업합니다.
- 취업률은 75%이고 주로 어업과와 기관과 졸업생은 승선을 하며, 가공학과는 식품이나 냉동 업체에 취업합니다.

'-고'와 '-며'의 뜻을 참고한다면 과별 졸업 후 진로 내용은 대등한 성질이고, '취업률'은 나열되는 또 하나의 내용이니까요. 이는 '졸업 후 진로'를 기술한 내용끼리는 가깝고, '취업률'은 '졸업 후 진로'와 상대적으로 내용이 멀기 때문이라고 이해할 수 있습니다.

덧붙여, '취업률'과 '졸업 후 진로'를 연결한 '-며' 뒤에 쉼표를 쓴다면 절의 연결 관계가 더 분명하게 드러나겠지요.

문장부호-쉼표 규정에 있는 다음 용례도 '-고/-며'를 쓰는 데에 참고할 만합니다.

- 모든 국민은 건강하고 쾌적한 환경에서 생활할 권리를 가지며, 국가와 국민은 환경 보전을 위해 노력해야 한다.

'수단'은 '(으)로써', '자격'은 '(으)로서'

×   제도권 내 교육으로써의 공교육

↓

○   제도권 내 교육으로서의 공교육

'로써'와 '로서' 중 무엇을 써야 하는지도 많이 궁금해합니다. 어떤 것을 써야 할지 쉽게 판단이 안 되기 때문입니다.

'전설의 구체적 증거물로써 신빙성을 더한다.'
'전설의 구체적 증거물로서 신빙성을 더한다.'
두 문장 중 무엇이 맞는지요?

이 질문을 한 사람도 그렇습니다. 이런 문제에서 벗어나려면(이와 관련한 질문을 많이 봐 온 경험에 따르면) 우선 '로써'는 사물에, '로서'는 사람에 대해 쓰인다는 생각부터 지우세요. 자격, 지위는 '사람', 수단, 도구는 '사물'이라는 고정관념이 있으면 헷갈릴 수밖에 없습니다. '사람'이 수단, 도구가 되는 문맥도 있고, '사물'이 지닌 지위나 자격을 논하는 문맥도 있습니다. 그러므로 앞뒤 문맥을 살펴보고 '로서'와 '로써'를 선택해야 합니다.

앞 질문 속 문장만 놓고 보면 '구체적 증거물'이 신빙성을 더하는 수단이 된다는 뜻이므로 '로써'를 쓰는 것이 맞습니다. 덧붙이면 '로써'는 수단이나 방법의 뜻을 나타내는 '(을) 가지고'로 바꾸어도 문맥이 통합니다. 즉 '전설의 구체적 증거물을 가지고 신빙성을 더한다'와 같은 의미일 때에 '로써'를 쓸 수 있다는 말입니다.

그렇다면 아래 문장의 괄호 안에 '서'와 '써' 중에서 어떤 말이 각각 들어가야 할까요?

- **공교육은 국가가 제도적으로 시행하는 제도권 내 교육으로(   ), 이러한 공교육으로(   ) 교육 문제를 해결할 수 있다.**

앞쪽은 '공교육'의 지위를 기술하는 문맥이므로 괄호 안에

'서'를 써야 합니다. 뒤쪽은 '공교육'이 교육 문제를 해결하는 수단이 된다는 뜻을 나타내므로 '써'를 써야 하지요.

한 걸음 더
'으로'

사실 위에서 예로 든 문장들은 '써'와 '서'가 없어도 문맥을 이해하는 데에 문제가 없습니다. 이는 '으로'만으로도 뜻을 나타낼 수 있다는 의미입니다. 즉 지위를 나타내는 경우이든, 수단을 나타내는 경우이든 '으로'로 표현할 수 있습니다.

다만 '으로써'와 '으로서'가 '으로'보다 뜻을 분명히 나타내므로, 표기로써 문맥을 분명히 보여 주고자 할 때에 '써'나 '서'를 붙여 '으로써'나 '으로서'로 표현하면 됩니다.

자격, 지위를 나타내는 '로서'는 대개 주어와 호응하고('무엇은 무엇이다'로 호응하는 경우에는 '무엇은 무엇으로서'로 쓰입니다.) 수단, 도구를 나타내는 '로써'는 서술어와 호응한다는 점도 알아 두세요. '공교육은 국가가 제도적으로 시행하는 제도권 내 교육이다'로 호응하므로, '공교육은 국가가 제도적으로 시행하는 제도권 내 교육으로서'가 되는 것입니다. 한편 '공교육으로써(공교육을 가지고)'는 서술어인 '해결할 수 있다'와 호응합니다.

구를 만들 때에도 의미가 기준이 되므로 '어떤 자격의 무엇'이라는 뜻은 '제도권 내 교육으로서의 공교육', '지도자로서의 품격' 등과 같이 표현합니다.

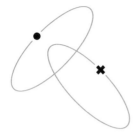

'진행'은 '-고 있다', '완료'는 '-어 있다'

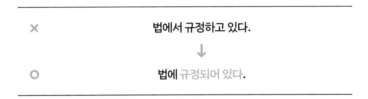

×	**법에서 규정하고 있다.**
	↓
○	**법에 규정되어 있다.**

어떤 행동이 계속 진행되는 경우가 아닌데도 '-고 있다'를 쓰려고 합니다. 이미 규정되어 있는데도 '규정하고 있다'로, 이미 밝혔는데도 '밝히고 있다'로, 이미 기술되어 있는데도 '기술하고 있다'로 표현하지요. 우리의 언어생활에서 이런 문제가 의외로 많습니다. 다음 예들을 볼까요.

1장 의미에 맞는 적절한 표현으로

- 법에서 규정하고 있다.
- 놀이를 통한 비공식 평가 결과: 다양한 지시 이행은 가능하나 3단계 지시는 간혹 오류를 <u>보이고 있음</u>

첫 번째 문장은 법에 이미 규정되어 있으므로 '규정하고 있다'가 아니라 '규정되어 있다'로, 두 번째 문장은 '(평가) 결과'이므로 '오류를 보이고 있음'이 아니라 '오류를 보임'으로 고쳐야 맞습니다.

- 법에 <u>규정되어 있다</u>.
- 놀이를 통한 비공식 평가 결과: 다양한 지시를 이행할 수 있으나 3단계 지시에서는 간혹 오류를 <u>보임</u>

그렇다면 아래 질문도 한번 생각해 볼까요.

종종 일본어 논설을 읽는데 직역하면 '~을 의미하고 있는 것이다'라는 표현이 많이 보입니다. 이 경우에 '~을 의미한다'라고 번역해야 하나요? 아니면 직역한 대로 '~을 의미하고 있는 것이다'라는 표현도 우리말에서 상황에 따라 사용할 수 있나요?

이 경우에도 역시 '의미하고 있다/의미하고 있는 것이다'를 '의미한다' 또는 문맥에 따라 '의미하는 것이다'로 표현하면 간결합니다. '의미하다'에는 계속 진행된다는 의미를 더할 필요가 없으므로 '−고 있다'를 쓸 필요가 없지요.

계속 진행됨을 나타내는 '−고 있다'는 '지금 그쪽으로 가고 있으니 조금만 기다려 줘', '지금 숙제하고 있어요', '○○ 행사를 해마다 시행하고 있다(올해 행사는 지난달에 시행했음)'와 같이 쓰면 됩니다.

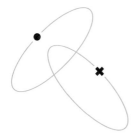

'즐거운 주말'은
'되는' 것이 아니라
'보내는' 것

? 즐거운 주말(이) 되시기 바랍니다.

↓

○ 즐거운 주말(을) 보내시기 바랍니다.

○ 주말(을) 즐겁게 보내시기 바랍니다.

주말이 오면 '즐거운 주말 되세요!'라는 인사를 습관적으로 주고받습니다. 너무 많이 쓰는 인사말이라 틀린 것 같지는 않은데 어딘가 어색한 인사라고 느낀 적이 없나요? 상대방에게 즐거운 주말이 되라니, 어쩐지 좀 이상하지 않습니까? 다음 질문을 한 사람도 이와 같은 맥락에서 물어보았을 것입니다.

'무난한 업무 처리 되시길 바랍니다.' 이 문장이 왜 문법적으로 문제가 있는지 지적해 주시면 고맙겠습니다.

문법은 범위가 넓어서 위와 같은 질문에 딱 잘라서 답하기가 어렵습니다. 하지만 위 문장은 '물이 얼음이 되다'처럼 '당신이 무난한 업무 처리가 되다'로, 즉 상대방에게 무난한 업무 처리가 되라는 뜻으로 읽히기도 합니다.

'되다'가 '무엇이 무엇이 되다' 문형으로 쓰이기 때문에 주어를 사람으로 전제한 경우에는 '(당신이) 무난한 업무 처리(가) 되다'가 되어서 어색해집니다. '사람'이 '무난한 업무 처리'가 '될' 수는 없지요!

다른 예로, 우리가 많이 보고 듣는 아래와 같은 표현들도 있습니다.

- **즐거운 설날 되시기를** 바랍니다.
- **즐거운 쇼핑 되시기를** 바랍니다.

이를 문법적으로 풀어 보자면 '(올 설날이) 즐거운 설날(이) 되시기를 바랍니다', '(오늘 쇼핑이) 즐거운 쇼핑(이) 되시기를 바랍니다'라고 해석할 수도 있으나 억지스러운 면이 있습니다.

상대방이 주어라면 '당신'이 즐거운 설날이 되거나 즐거운 쇼핑이 된다는 뜻으로 해석되는 '(당신이) 즐거운 설날(이) 되시기를 바랍니다', '(손님이) 즐거운 쇼핑(이) 되시기를 바랍니다'로 써서는 안 됩니다. 이렇게 표현하면 됩니다.

- (당신이) 즐거운 설날(을) 보내시기를 바랍니다.
- (손님이) 즐거운 쇼핑(을) 하시기를 바랍니다.

아래와 같이 표현할 수도 있습니다.

- 설날(을) 즐겁게 보내시기를 바랍니다.
- 즐겁게 쇼핑하시기를 바랍니다.

질문 속 문장도 '(당신이) 업무를 무난히 처리하시기를 바랍니다', '(당신이) 무난히 업무 처리(를) 하시기를 바랍니다'로 쓰면 됩니다. 만약 '무난한 업무 처리'라는 표현을 꼭 넣고 싶다면 '(당신이) 무난한 업무 처리(를) 하시기를 바랍니다'와 같이 쓰면 되겠지요.

'부탁드립니다'가
너무 많이 쓰인다

?	양해(를) 부탁드립니다.
	↓
○	양해해 주시기 바랍니다.

'부탁드립니다'가 유행처럼 너무 과하게 쓰입니다. '해 주십시오'와 같은 명령형은 부담되고, '하시기(를) 바랍니다/해 주시기(를) 바랍니다'는 많이 써 와서 다른 표현을 쓰고 싶은 것일까요? 영어의 'please'와 같이 상대방의 행동을 강하게 일으키고 싶은 마음에서일까요?

- 양해(를) 부탁드립니다.

- 제출(을) 부탁드립니다.

- 착용(을) 부탁드립니다.

- 답변(을) 부탁드립니다.

- 검토(를) 부탁드립니다.

- 의견(을) 부탁드립니다.

- 국민 여러분의 많은 관심과 성원(을) 부탁드립니다.

- 다 드시고 나서 빈 그릇은 오른쪽에 부탁드립니다.

'부탁하다'('부탁드리다'는 '부탁하다'보다 '공손'의 의미가 더해진 표현입니다.)는 아래와 같이 쓰여 국어사전에 "어떤 일을 해 달라고 청하거나 맡기다"라고 뜻풀이되어 있습니다. 하지만 상황 맥락을 가리지 않고 지나치게 많이 쓰입니다. 마치 좋은 표현으로 여기는 것은 아닐까 하는 생각마저 들 정도입니다.

- 동생에게 뒷일을 부탁했다.

- 선생님에게 주례를 부탁했다.

- 나는 개성댁에게 우리 집을 부탁하고 집을 나섰다. _박완서, 《도시의 흉년》

- 그녀는 남편에게 장에 가는 길에 여자 양말을 하나 사다 달라고 부

탁했다.

습관처럼 '부탁드립니다'를 쓰지 말고 맥락에 더 알맞은 다른 표현도 생각해 보면 좋지 않을까요? 다음과 같이 말이지요.

- 양해해(본말: 양해하여) 주시기 바랍니다.
- 제출하시기 바랍니다/제출해(제출하여) 주시기 바랍니다.
- 착용하시기 바랍니다/착용해(착용하여) 주시기 바랍니다.
- 답변해(답변하여) 주시기 바랍니다.
- 검토해(검토하여) 주시기 바랍니다.
- 의견(을) 주시기 바랍니다.
- 국민 여러분께서 관심을 많이 가져 주시고 성원해 주시기 바랍니다.
- 다 드시고 나서 빈 그릇은 오른쪽으로 가져다주시기 바랍니다.

아래 질문도 한번 보겠습니다.

'요청'이 상사 혹은 윗사람에게 사용할 수 있는 단어인지, 그렇지 않다면 요청을 뜻하는 높임말이 따로 있는지 궁금합니다. 윗사람에게 '~을 요청드립니다'라고 표현하는 것이 적절하지 않다면 '~을 요청 부탁드립니다'라는 표현이 옳은가요?

질문 내용의 초점은 '요청'을 윗사람에게 쓸 수 있느냐인데, 윗사람한테 쓰지 못할 이유나 근거는 없습니다. 다만 이 사례로 알 수 있는 사실이 있습니다. '무엇을 요청 부탁드립니다'처럼 '부탁드립니다'가 쓰인 표현을 (비문이라고 생각하지 못하고) 높임 표현으로 생각해 쓰려고 한다는 점입니다.

표현에 관한 궁금증을 풀자면 우선 '요청'은 높임말이나 낮춤말이 아닙니다. "필요한 어떤 일이나 행동을 청함. 또는 그런 청"을 뜻하는 말이므로 이러한 뜻을 나타내고자 할 때에 쓸 수 있습니다. 그리고 문장 짜임을 고려하면 '무엇을 요청 부탁드립니다'가 아니라 '무엇을 요청합니다'나 '무엇을 요청드립니다'로 표현하면 됩니다.

한 걸음 더
높임의 '-시-'와 부드럽게 하는 '주다'

요즘 '부탁드립니다'를 많이 쓰다 보니 윗사람에게 보내는 글에 '답변 부탁드립니다', '검토 부탁드립니다'와 같이 쓰기도 하고, 이러한 구성에 익숙해져서인지 '답변 바랍니다', '검토 바랍니다'와 같이 표현하기도 합니다.

그런데 이보다는 주어를 높이는 '-시-'를 드러내어 '답변해 주시기 바랍니다', '검토해 주시기 바랍니다'와 같이 높임의 뜻이 잘 나타나도록 표현하는 것이 바람직합니다.

덧붙여, '답변해 주시기/검토해 주시기'에 쓰인 '주시기(기본형 '주다')'는 보조용언인데, 이처럼 보조용언을 쓰면 '답변하시기 바랍니다/검토하시기 바랍니다'보다 여유 있고 부드러운 표현이 됩니다.

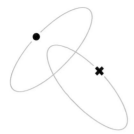

의미는 겹칠 수도 있다

○ **박수**하다.

○ **박수를** 치다.

'의미 겹침', '의미 중복'이라는 말이 있는데 의미 겹침 표현이 나타나게 되는 이유는 여러 가지입니다. 아래 표현들은 의미가 똑같은 고유어와 한자어가 함께 쓰이면서 의미가 겹치게 된 예들입니다.

- 처갓집
- 족발

'처갓집妻家집'은 '家-집'으로, '족발足발'은 '足-발'로 의미가 겹치지만 이미 굳어진 말입니다.

- **시범을 보이다**
- **박수를 치다**
- **모든 인류**

'시범示範'이 '모범을 보임', '박수拍手'가 '두 손뼉을 마주침'이라는 뜻이고 보면, '시범하다(모범을 보이다)', '박수하다(두 손뼉을 마주치다)'라고만 해도 뜻을 나타낼 수 있습니다. 하지만 '시범하다, 박수하다'보다 '시범', '박수' 뒤에 '보이다', '치다'를 이어 쓴 '시범을 보이다, 박수를 치다'의 쓰임새가 훨씬 많습니다.

또 '인류'가 '세계의 모든 사람'을 뜻하는 말이므로 '인류'만 써도 되지만 '모든 인류'로 쓰기도 합니다.

- **역전앞**
- **우수상을 수상하다**

'역전앞'이나 '우수상을 수상하다'도 많이 쓰이지만, 의미 겹침 없이 쉽게 '역 앞'(한 단어로는 '역전'을 쓸 수 있음), '우수상을 받다'로 표현하기를 권장합니다.

그런데 의미 겹침 표현은 한자어만으로는 뜻이 분명히 드러나지 않아서 고유어를 거듭 쓰다 보니 생기는 경우가 많습니다. 따라서 의미 겹침 표현을 모두 바람직하지 못하다고는 할 수 없습니다.

사람마다 생각이 다를 수 있는데, 의미 겹침 표현은 '자연스럽고 쉽게' 표현한다는 데에 의의를 두면 되리라고 봅니다. 또한 국어사전에 실린 표제어(규범 표기)를 찾아보거나 실제로 어떻게 쓰이는지 확인할 수 있는 용례들을 살펴보면 적절한 표현에 도움이 됩니다.

✗   (지금 전달하면서) 전달하고자 합니다.

↓

○   전달합니다.

아래와 같은 문구도 정말 자주 봅니다. 특히 공적 문서에 많이 쓰입니다.

- 시행하고자 합니다.
- 처리하고자 합니다.
- 전달하고자 합니다.

그런데 어느 경우에나 '−고자 합니다'를 서술어로 쓸 수 있는 것은 아닙니다.

'−고자 하다'는 행동이나 상태를 의도하거나 그런 바람을 나타내는 말로, '−려(고) 하다'와 비슷합니다. 이들은 시제로 따진다면 '미래'입니다. 즉 다음 주에 시행하려고 한다거나, 결재가 나면 처리하려고, 전달하려고 한다는 뜻을 나타냅니다. 따라서 이미 끝난 일에 '−고자 합니다'를 쓴다면 알맞지 않습니다.

그런데 '(이미 공표한 상태에서) 공표하고자 합니다'로 표현하거나 '(현재 전달하는 상황에서) 전달하고자 합니다'와 같이 쓰는 경우가 많습니다. 이미 공표한 사항이라면 '공표했습니다'로, 지금 전달한다면 '전달합니다'로, 앞으로 실시할 일이라면 '실시하고자 합니다'로 표현하면 됩니다.

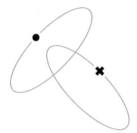

'로부터'와 '부터'의
미묘한 차이

?	그날부터 90일 안에
	↓
○	그날로부터 90일 안에

다음과 같은 문맥에는 '로부터'와 '부터'가 쓰이는데, 이를 구별하기가 알쏭달쏭합니다.

- 어떤 일을 안 날로부터 90일 안에
- 어떤 일을 안 날부터 90일 안에

이때는 조사의 뜻과 용례를 살펴보면 이해하는 데에 도움이 되지요. 먼저 '로부터'는 어떤 행동의 출발점을 나타내는 조사입니다. 그러므로 위 문구는 '어떤 일을 안 날을 시작으로 하여 며칠 안에'와 같은 문맥이 되어 '로부터'를 써야 알맞습니다. 이처럼 '무엇을 시작으로 하여'라는 뜻을 나타내는 문맥이라면 '로부터'를 쓰면 됩니다.

한편 '부터'는 '범위'를 나타내는 문맥에서 '시작임'을 나타내는 조사이고, 흔히 '부터−까지'로 짝을 이룹니다.

아래 예시들 중에서 어느 것이 더 자연스러운가요?

- 바퀴 달린 탈것은 마차로부터 발전해 왔다.
- 바퀴 달린 탈것은 마차부터 발전해 왔다.

- 1시부터 5시까지
- 1시로부터 5시까지

첫 번째 예시들이 더 자연스럽습니다. 하나는 '바퀴 달린 탈것이 무엇으로부터 시작되었느냐'를 말하려는 문맥이고, 다른 하나는 '시간의 범위가 언제부터 언제까지이냐'를 나타내려는 문맥이기 때문입니다.

'고맙습니다'를 높이면 '감사합니다'(?)

○   **도와주셔서** 감사해요.

○   **도와줘서** 고마워요.

남의 호의나 배려, 도움에 고맙고 감사한 마음을 전할 때에 어떻게 인사하나요? 보통 '고맙다'와 '감사하다' 중 하나를 선택하게 되는데 여기에서 많은 사람들이 참 난감해합니다. 그래서 아래와 같은 질문도 아주 많이 듣습니다.

'고맙습니다'와 '감사합니다' 중 어느 것이 더 높여 말하는 건가요?

이 같은 질문을 하는 이유는 '고맙습니다'와 '감사합니다' 둘 다 많이 쓰이고, 사용 맥락은 비슷한데 표현이 뭔가 다르다고 여겨서일 것입니다. 표현이 다르다고 여기는 데에는 '고맙다'보다 '감사하다'가 격식을 갖춘 표현이라는 오해도 작용하는 것 같습니다.

호의나 도움을 받았을 때 '고맙습니다'와 '감사합니다' 모두 쓸 수 있습니다. 다만 '고맙다'는 고유어이고, '감사하다'는 '감사'가 한자어라는 차이가 있을 뿐입니다.

'고맙다'와 '감사하다'의 뜻부터 확인해 볼까요.

＊ 고맙다 **남이 베풀어 준 호의나 도움 따위에 대하여 마음이 흐뭇하고 즐겁다.**

＊ 감사하다 **고맙게 여기다. 고마운 마음이 있다.**

그런데 실제 쓰임을 보면 앞 질문처럼 높임의 차이를 느끼는 것도 일리가 있습니다. 예를 들어 종결형에서는 '도와주셔서 감사합니다', '도와주셔서 고맙습니다'와 같이 '감사하다'를 쓰든, '고맙다'를 쓰든 별 차이가 느껴지지 않습니다. 그런데 다음과 같은 연결형에서는 '고맙다'로 표현한 첫 번째보다 '감사하다'로 표현한 두 번째가 더 많이 쓰이는 듯합니다.

- 선생님께서 도와주셔서 <u>고마운데/고맙지만/고맙고</u>~
- 선생님께서 도와주셔서 <u>감사한데/감사하지만/감사하고</u>~

'해요체' 종결형에서도 앞 절에 주체를 높이는 '-시-'가 쓰인 경우에는 '도와주셔서 감사해요'로 '감사하다'가 더 많이 쓰이고, '-시-'가 없는 경우에는 '도와줘서 고마워요'로 '고맙다'가 더 많이 쓰이는 것으로 보입니다.

한 걸음 더
'고맙다'의 어원

끝인사를 할 때에 '감사합니다'라고 하지 않고 '고맙습니다'라고 하는 것을 두고, '감사'가 일본어와 관련 있기 때문이라고 생각하기도 합니다. 그보다는 고유어인 '고맙다'를 살려 써서 '고맙습니다'로 표현한다고 생각하면 됩니다. 아래는 국립국어원 누리집(홈페이지) 우리말샘에서 가져온 '고맙다'의 어원입니다.

- **고맙다** 현대국어 '고맙다'는 16세기 문헌에서부터 '고맙다'로 나타나 현재까지 이어진다. 16세기에는 모

음으로 시작하는 어미에 결합한 '고마오–'만이
확인되고, 18세기에는 자음으로 시작하는 어미
에 결합한 '고맙–'만이 확인된다. 16세기의 '고마
오–'와 18세기의 '고맙–'을 통해 16세기 이전의
형태는 '고맙–'이었을 것으로 추정된다. 즉, '고맙
–'이 자음으로 시작하는 어미 앞에서는 '고맙–'
으로, 모음으로 시작하는 어미 앞에서는 '고맙–'
으로 나타나다가 'ㅸ'의 변화로 '고마오–'로 교체
된 것이다. '고맙다'는 '존경하다, 공경하다'의 의
미를 갖는 '고마ㅎ다'의 '고마'와 관련 있을 것으
로 보아 '고맙다'를 '고마'와 접미사 '–ㅂ–'이 결합
한 말로 추정하기도 했다.

덧붙여, 16세기 문헌에서부터 볼 수 있는 '고맙다'의 예도 몇 개
살펴보겠습니다.

- 16세기: 禮記예 ㄱ로ᄃᆡ 어딘 사ᄅᆞ믜 거동은 ᄌᆞ눅ᄌᆞ눅ᄒᆞ니 고마온 사
  ᄅᆞ몰 보고 공경ᄒᆞ야 조심ᄒᆞᄂᆞ니라.
- 18세기: 고맙단 말
- 19세기: 농인은 그 궤휼훈 계교롤 모로고 심히 고마와 하더라.

'에게'와 '에',
'에게서'와 '에서'

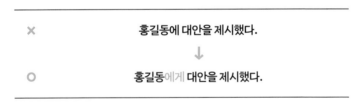

✕   홍길동에 대안을 제시했다.

↓

○   홍길동에게 대안을 제시했다.

이제 비슷하게 느껴지는 조사들을 구별해 볼까요. '에게'와 '에', '에게'와 '에게서', '에게서'와 '에서'는 둘 중에서 무엇을 써야 할지 많이 헷갈려 하는 조사들입니다. 먼저 '에게'와 '에'부터 살펴보겠습니다.

- 홍길동에 대안을 제시했다.

여기에서는 '홍길동에'를 '홍길동에게'로 고쳐야 합니다.

  ● 홍길동에게 대안을 제시했다.

'에게'와 '에'는 쓰임이 구별됩니다. 다음과 같이 '사람이나 동물'(유정명사)에게는 '에게'를, '무생물이나 식물'(무정명사)에는 '에'를 써야 합니다.

- **홍길동에게 (무엇을) 전달했다.**
- **기관에 (무엇을) 전달했다.**
- **나무에 물을 주었다.**
- **김 과장은 일 처리가 능숙한 신입 사원에게 감탄했다.**
- **병호는 그렇게 대꾸를 하면서 노인의 기억력에 감탄하고 있었다.**

  _한무숙,《어둠에 갇힌 불꽃들》

한편 '에게서'도 흔히 '에게'로 많이 씁니다. '친구에게 생일 선물을 받았다'와 같이 쓰기도 하는데 '친구에게서 생일 선물을 받았다'로 써야 합니다. 국어사전에 '받다'의 문형 정보가 '【…에서/에게서 …을】'로 되어 있는 것을 보아도 알 수 있지요.

여기에서도 앞에서 말한 무정명사와 유정명사의 구별을

확인할 수 있습니다. 그러니 '부모님에게서 용돈을 받았다', '회사에서 월급을 받았다'로 쓰면 됩니다.

'에게서/에서' 대신 '(으)로부터'를 쓰기도 하지만 '에게서/에서'가 더 자연스러운 표현입니다.

한 걸음 더 1
'사례, 부류'를 나타내는 '에서'

'고혈압 환자에서/여성 환자에서 어떤 증상이 나타난다'와 같이 '에서'를 쓴 표현이 종종 보입니다. '환자'는 유정명사이므로 '에게서'를 써야 하지만 '에서'를 선택하는 경우가 많습니다. 이처럼 '고혈압 환자에서/여성 환자에서'와 같이 쓰이는 이유를 헤아리건대, '고혈압 환자'나 '여성 환자'를 '특정 사람'이라기보다는 특정 '사례'나 '부류'로 보기 때문이 아닐까 합니다. 즉 '어떤 사례(부류)에서'로 보고 '에서'를 쓰는 것이지요. 국립국어원 누리집 국어사전에 "앞말이 행동이나 상태, 판단이 적용되는 범위임을 나타내는 격조사"라는 '에서'의 쓰임이 최근에 추가된 점도 참고할 수 있습니다.

'에게서'와 호응하는 동사

'에게'가 아닌 '에게서'와 호응하는 경우는 국어사전 문형 정보에서 확인할 수 있습니다. 국립국어원 누리집 국어사전에서 '에게서'와 호응하는 말을 찾아서 볼 수 있습니다.(국립국어원 누리집 국어사전 '자세히 찾기' 기능을 활용하여 '문형'을 검색하면 찾기가 더 쉽습니다.)

＊ 건네받다 【…에서/에게서 …을】형에게서 책을 건네받았다.

＊ 물려받다 【…에서/에게서 …을】부모님에게서 유산을 물려받았다.

＊ 비롯되다 【…에서/에게서】이 주장은 그에게서 비롯된 것이다.

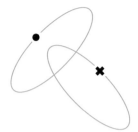

'및'과 '또는'이
뜻하는 것

○ **월요일 및 수요일: 월요일과 수요일** 모두

○ **월요일 또는 수요일: 월요일과 수요일 중** 어느 날이든 하루

'및'이나 '또는'을 써야 할 때가 꽤 있습니다. 그런데 이 둘이 의미가 다른지 비슷한지 같은지 헷갈려서 쓰기도, 해석하기도 모호하다고 토로합니다. 결론부터 말하면 '및'과 '또는'은 뜻이 다르니 구별해서 써야 합니다. 아래 예시를 보겠습니다.

- **월요일 및 수요일**
- **월요일 또는 수요일**

1장 의미에 맞는 적절한 표현으로

'및'이 쓰인 경우는 월요일과 수요일 모두를 말하고, '또는'이 쓰인 경우는 월요일과 수요일 중 어느 날이든 하루를 말합니다. '및'은 '그리고, 또'의 뜻을, '또는'은 '그렇지 않으면'의 뜻을 나타내지요. '및'과 '또는'이 쓰인 예들을 좀 더 보면서 의미를 구별해 보세요.

- 원서 교부 및 접수
- 국제 대회를 성공적으로 치르기 위해서는 협회와 선수 및 관중 모두가 힘을 합쳐 노력해야 한다.
- 집에 있든지 또는 시장에 가든지 네 마음대로 해라.
- 문단의 중심 내용은 그 문단의 처음 또는 마지막 문장에 드러나 있는 경우가 많다.

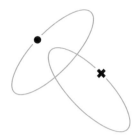

'너무'의 뜻이
너무 확장됐다고 생각한다면

△ 너무 좋다. 너무 예쁘다. 너무 반갑다.

↓

○ 정말 좋다. 참 예쁘다. 진짜 반갑다.

사람들이 단어를 어떻게, 얼마나 쓰느냐에 따라 단어의 뜻이 달라지기도 하고 추가되기도 합니다. '너무'가 그중 하나입니다. 너나없이 아래처럼 표현하곤 합니다.

- 이 옷, <u>너무</u> 예쁘다.
- 경치가 <u>너무</u> 좋다!

이와 같이 쓰이자 '너무'가 긍정적인 문맥에서도 쓰일 수 있다고 해석할 수 있는 길이 생겼습니다. '너무'가 '너무 어렵다'나 '너무 좋다'와 같이 부정, 긍정을 가리지 않고 쓰이면서 뜻풀이가 "일정한 정도나 한계를 훨씬 넘어선 상태로"로 바뀐 것입니다.

'너무'가 쓰여 온 문맥에 따라 그 뜻을 "일정한 정도나 한계에 지나치게"라고 풀이하고, 긍정 문맥에 쓰기는 알맞지 않다고 본 적이 있었습니다. 하지만 긍정이든 부정이든 어떤 맥락에서나 '너무'가 쓰이는 양상이 뚜렷하니까 이러한 현상을 국어사전에 반영하여 '너무'의 뜻풀이를 보완한 것입니다. 사전은 단어의 실제 쓰임을 그대로 보여 주는 자료이니까요.

다만 '너무'를 긍정 문맥에 쓰기가 여전히 어색하거나 '너무'가 지나치게 많이 쓰여 불편함을 느끼는 경우가 있습니다. 그럴 때는 '너무'는 예전과 같이 부정 문맥에서 쓰고, 긍정 문맥에는 '정말', '참', '진짜' 등을 쓰면 됩니다. '나무가 정말 크구나!', '옷이 너무 커서 못 입겠다'와 같이 구별해서 쓰는 것입니다. 다음 용례들도 그대로 표현해도 되지만 첫 번째에는 '정말', '참', '진짜' 등을 쓰고, 두 번째에는 '너무'를 쓰는 방식으로 구별하여 쓸 수 있습니다.

- 너무 좋다. 너무 예쁘다. 너무 반갑다.

- 너무 멀다. 너무 어렵다. 너무 위험하다. 너무 걱정하지 마세요.

- 정말 좋다. 참 좋다. 진짜 좋다.

- 정말 예쁘다. 참 예쁘다. 진짜 예쁘다.

- 정말 반갑다. 참 반갑다. 진짜 반갑다.

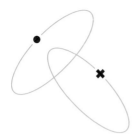

'다양한'은
부정 문맥에 쓰지 말자

?   스트레스는 다양한 질병을 일으킨다.

↓

○   스트레스는 여러 가지 질병을 일으킨다.

어느 공공 기관 누리집에 들어갔다가 아래의 글을 보았습니다.

- 항일 독립운동, 해외동포사, 한국전쟁 전후 민간인 희생, 권위주의 통치 시에 일어났던 다양한 인권침해, 적대세력에 의한 희생 등 진실 규명 신청·접수를 할 수 있습니다.

이 예문에서 딱 하나만 수정한다면요? 여러 가지 수정할 사항이 보이지만, 가장 먼저는 '다양한 인권침해'를 고치고 싶습니다. '다양한'은 우리가 자주 쓰는 표현이지만 '인권 침해'를 수식하는 말로는 의미상 적절하지 않기 때문입니다.

> * **다양하다** 「형용사」 모양, 빛깔, 형태, 양식 따위가 여러 가지로 많다.

'다양하다'의 뜻과 용례를 보면 '다양한 인권침해'에서 '다양한'은 '여러 가지'나 '수많은' 등으로 바꾸어 표현하는 것이 알맞습니다.

- 다양한 색깔
- 전시장에는 다양한 상품이 진열되어 있었다.
- 근래에 와서 지방마다 갖가지 고유의 문화제 행사들을 힘써 마련하고 있는 건 우리 민족이 그만큼 다양하고 유서 깊은 전통문화를 계승해 온 문화민족이라는 증거가 아니겠습니까. _이청준,《춤추는 사제》

'다양하다'의 뜻과 사용 문맥을 확인했으니 다음 중에 자연스러운 표현이 무엇인지도 알 수 있겠지요.

- **그 친구는 다양한 문제를 일으켰다.**

- 그 친구는 여러 (가지) 문제를 일으켰다.

- **스트레스는 다양한 질병을 일으킨다.**

- 스트레스는 여러 (가지) 질병을 일으킨다.

- **그 장수는 다양한 전쟁에서 승리했다.**

- 그 장수는 여러/수많은 전쟁에서 승리했다.

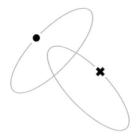

'꾸준히'를
아무 데나 쓰면 안 된다

?	최근 10년간 꾸준히 증가한 근골격계 질환
	↓
○	최근 10년간 점점 증가한 근골격계 질환

'꾸준히 좋아지다'와 '꾸준히 나빠지다' 둘 다 괜찮다고 생각한다면 '꾸준히'를 아무 데나 쓰고 있다고 봐야 합니다.

　단어의 뜻은 그 단어가 쓰여 온 문장들의 맥락을 바탕으로 하여 풀이됩니다. '꾸준히'의 뜻은 "한결같이 부지런하고 끈기가 있는 태도로"입니다.

　'꾸준히'의 뜻을 알았으니 다음 표현 중에서 '꾸준히'를 제대로 쓴 예시를 고를 수 있겠지요.

- 최근 10년간 꾸준히 증가한 근골격계 질환
- 국내 콘텐츠 산업 매출 및 수출 꾸준히 증가
- 환자 수가 꾸준히 증가하는 혈액암, 진단부터 치료 방법까지!
- 꾸준히 하락 중인 주가 종목

두 번째 예시가 '꾸준히'를 쓰기에 알맞은 문맥입니다.
'꾸준히'가 제대로 쓰인 다른 예시들도 살펴보겠습니다.

- 꾸준히 연습한 보람이 있다.
- 아버지는 한길만을 꾸준히 걸어오셨다.
- 운동은 매일 조금씩이라도 꾸준히 계속해야 효과가 있다.
- 어쩌면 그는 오늘 이런 결과가 오기까지 꾸준히 기다려 주었는지
  모른다. _박경리,《토지》

언젠가 신문 기사에서 아래와 같은 표현을 보고, 저 문맥에
서 '꾸준히'를 선택하다니 참 안타까운 마음이 들었습니다.

- 성범죄가 꾸준히 증가했다.

여기에 '꾸준히' 말고 어떤 단어를 쓰면 좋을까요? 여러 다른 표현이 있겠지만, "조금씩 더하거나 덜하여지는 모양"이라는 뜻을 나타내는 '점점'을 쓸 수 있지 않을까요? '점점'은 아래와 같이 쓰입니다.

- 날씨가 점점 추워진다.
- 사무실 근무 환경이 점점 좋아지고 있습니다.
- 물살은 점점 거칠어지고 마침내 부글거리는 거품 속에서 은빛 물고기가 허공으로 솟구쳐 올랐다. _홍성암, 《큰물로 가는 큰 고기》

한 걸음 더
'점점'과 '계속, 끊임없이'

'점점'과 '계속, 끊임없이'는 차이가 있습니다. "끊이지 않고 잇따라"라는 뜻을 나타내려면 '점점'이 아니라 '계속, 끊임없이'를 써야 합니다. '점점'은 조금씩 더해지거나 덜해진다는 데에 초점이, '계속, 끊임없이'는 끊이지 않고 이어진다는 데에 초점이 있지요.

그렇다면 아래 예문들의 괄호 안에 '점점'과 '계속, 끊임없이' 중 무엇이 들어가야 알맞을까요?

- 아내는 하루 종일 (　　) 잔소리를 했다.
- 밤새도록 공사장의 망치 소리가 (　　) 들려왔다.
- (　　) 쏟아지는 폭우
- 사소한 잘못을 (　　) 하기 때문에 문제 학생이 된 것이다. _박경리,

　《토지》

이들 예문에는 '계속'이나 '끊임없이'가 알맞고 '점점'이 들어가
면 어색합니다. 이는 '점점'과 '계속, 끊임없이'의 의미가 다름을
말해 줍니다.

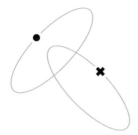

'월등히'냐
'현저히, 현격히'냐

?   무릎 수술, 7년 새 19% 증가… 미국·일본보다 월등히 높아

↓

○   무릎 수술, 7년 새 19% 증가… 미국·일본보다 현저히 높아

'월등히'도 맥락을 구별하지 않고 쓰는 표현 중 하나입니다. '월등히'는 그동안 쓰여 온 문장의 맥락을 바탕으로 하여 그 뜻이 "수준이 정도 이상으로 뛰어나게"라고 풀이됐습니다. '뛰어나게'의 뜻을 나타낸다는 사실을 알았으니 다음 중에 '월등히'가 알맞게 쓰인 문장 두 개를 골라 보세요. 문장 앞뒤 흐름을 살피면 잘 고를 수 있습니다.

- 무릎 반월연골판 수술, 7년 새 19% 증가… 미국·일본보다 월등히 높아

- 전체 재판 이혼 비율 23.1%에 비해 외국인 아내와 이혼하는 경우 재판 이혼 비율이 63.5%로 월등히 높아 처음부터 혼인 생활보다는 취업이나 국적 취득을 목적으로 하는 일부 사례도 있어 주의해야

- 전국에서 가장 살기 좋은 지역은 경기 ○○시라는 조사 결과가 나왔다. ○○시는 생활 안전 분야에서 다른 지방자치단체보다 월등히 높은 점수를 받았다.

- 우리나라 근로자 중 세금을 한 푼도 내지 않는 면세자 비율이 미국 등 다른 선진국들에 비해 월등히 높은 것으로 나타났다. 정부가 올해 세제 개편안에 신용카드 소득공제 연장, 교육비 및 월세 세액공제 확대 등을 담으면서 가뜩이나 높은 면세자 비율이 더 높아질 것이라는 우려가 나오고 있다.

- 미나리 줄기보다 잎에 기능성 성분이 월등히 많음이 밝혀졌다.

바로 세 번째, 다섯 번째 문장입니다. '월등히'는 '뛰어나게'의 뜻이고, '뛰어나다'는 "남보다 월등히 훌륭하거나 앞서 있다"라는 뜻을 나타내지요. '월등히'가 문맥에 맞게 잘 쓰인 예시를 몇 개 더 살펴볼게요.

- 신제품은 이전 제품보다 화질이 <u>월등히</u> 좋다.
- 그는 성적이 <u>월등히</u> 좋아서 등록금 전액을 면제받았다.
- 아기를 키우는 어머니였지만 그녀는 동료들에 비해 <u>월등히</u> 수입이 좋았다. _홍성원, 《육이오》

그렇다면 앞쪽 예시들에서 첫 번째, 두 번째, 네 번째 문장에는 '월등히' 말고 어떤 말을 쓰면 적절할까요? 다른 부사들도 떠올릴 수 있겠지만, '현저히(뜻: 뚜렷이 드러날 정도로)'나 '현격히(뜻: 차이가 매우 심하게)' 등을 써서 아래와 같이 표현할 수 있습니다.

- 무릎 반월연골판 수술, 7년 새 19% 증가… 미국·일본보다 <u>현격히/현저히</u> 높아
- 전체 재판 이혼 비율 23.1%에 비해 외국인 아내와 이혼하는 경우 재판 이혼 비율이 63.5%로 <u>현격히/현저히</u> 높아 처음부터 혼인 생활보다는 취업이나 국적 취득을 목적으로 하는 일부 사례도 있어 주의해야
- 우리나라 근로자 중 세금을 한 푼도 내지 않는 면세자 비율이 미국 등 다른 선진국들에 비해 <u>현격히/현저히</u> 높은 것으로 나타났다. 정부가 올해 세제 개편안에 신용카드 소득공제 연장, 교육비 및 월세

세액공제 확대 등을 담으면서 가뜩이나 높은 면세자 비율이 더 높

아질 것이라는 우려가 나오고 있다.

'현저히'와 '현격히'가 쓰인 예시를 몇 개 더 보겠습니다.

- 인구가 현저히 증가하다.
- 수입이 현저히 감소하다.
- 이곳은 마실 물이 현저히 부족한 실정이다.
- 그가 지금 공부하는 태도로 보아 지난번 성적보다 현격히 나은 성
  적이 나오리라고는 생각하지 않는다.
- 그는 처음보다 일에 대한 열의가 현격히 떨어졌다.

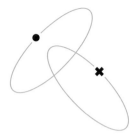

'유지'와 '지속'은
뜻이 다르다

?   물가 상승세가 유지될 가능성도 있다.

↓

○   물가 상승세가 지속될 가능성도 있다.

'유지(하다)'와 '지속(하다)'도 혼동하기 쉬운 표현인데, 두 단어의
의미가 다르므로 각각 알맞게 쓰이는 문맥이 따로 있습니다.

- 만성적인 전세 물량 부족과 반전세나 월세 전환에 대한 불안감 등
  으로 인해 전세 가격 상승세가 유지되고 있다.

- 임금 상승률까지 증가할 경우 임금이 물가를 부추겨 물가 상승세가

유지될 가능성도 있다.

- 코로나19 감염자 발생이 (몇백 명이었다가) 몇만 명대로 <u>유지되고</u> 있다.

- 항의를 수용하지 않겠다는 독선적인 태도를 <u>유지하고</u> 있다.

위 문장들에 '유지하다'가 제대로 쓰인 것 같나요? 아리송하지만, 네 문장 모두 아래 표현으로 바꾸는 것이 알맞습니다. 다만 네 번째 문장은 '지속하다'로 바꾸어도 그리 자연스럽지는 않아서 "하나의 방법이나 태도로써 처음부터 끝까지 한결같이 하다"를 뜻하는 '일관하다'로 바꾸어 줍니다.

- 만성적인 전세 물량 부족과 반전세나 월세 전환에 대한 불안감 등으로 인해 전세 가격 상승세가 <u>지속되고</u> 있다.

- 임금 상승률까지 증가할 경우 임금이 물가를 부추겨 물가 상승세가 <u>지속될</u> 가능성도 있다.

- 코로나19 감염자 발생이 (몇백 명이었다가) 몇만 명대로 <u>지속되고</u> 있다.

- 항의를 수용하지 않겠다는 독선적인 태도로 <u>일관하고</u> 있다.

한편 다음 두 문장은 잘 표현했습니다. 첫 번째 문장에 '지속하기'를 쓰거나 두 번째 문장에 '유지되고'를 쓸 수 없습니다. 이처럼 '지속'과 '유지'는 문맥에 따라 다르게 쓰입니다.

- 얼굴 탄력을 유지하기 위한 운동 여섯 가지
- 의료진의 업무 과중 문제가 지속되고 있다.

이제 사전 뜻풀이를 확인해 볼까요. '유지'는 "어떤 상태나 상황을 그대로 보존하거나 변함없이 계속하여 지탱함"이라는 뜻입니다. '보존하다(잘 보호하고 간수하여 남기다)'라는 뜻을 내포한 '유지'는 부정적 맥락과 안 어울립니다. 긍정적인 대상이므로 보존하고 변함없이 계속하여 지탱하는 것이지요.

'유지'의 국어사전 용례입니다.

- 평화 유지
- 건강 유지
- 균형을 유지하다.
- 아름다운 몸매를 유지하기 위해서는 규칙적인 운동을 해야 한다.

한편 '지속'은 "어떤 상태가 오래 계속됨. 또는 어떤 상태를 오래 계속함"이라는 뜻으로, '물가 상승의 지속', '학업을 지속하다'처럼 쓰입니다. '유지'와는 성격이 다름을 알 수 있습니다.

'평화를 지속적으로 유지하다', '○○를 지속적으로 유지해야 할 정책으로 꼽았다'처럼 '지속적으로 유지하다'로 쓰일 수 있는 것도 '지속'과 '유지'가 다름을 말해 줍니다. 물론 '지속적으로' 없이 '평화를 유지하다', '○○를 유지해야 할 정책으로 꼽았다'로 표현할 수도 있습니다.

사각지대는
'발굴하는' 것이 아니라
'찾아내는' 것

?	복지 사각지대를 발굴하기 위해
	↓
○	복지 사각지대를 찾아내기 위해

'발굴하다'와 '찾아내다'는 언뜻 보기에 뜻이 비슷해 보입니다. 하지만 두 단어의 의미는 다릅니다. 아래 예시들을 보며 '발굴하다'가 무슨 뜻일지 문맥으로 짐작해 볼까요.

- 유물을 발굴하다.
- 우리 회사는 석유와 광석을 발굴한다.

- 인재를 발굴하다.
- 신인을 발굴하다.
- 모범 사례 발굴

이 예시들에서 알 수 있듯이 '발굴하다'는 두 가지 뜻으로 풀이됩니다. 첫 번째와 두 번째는 "땅속이나 큰 덩치의 흙, 돌 더미 따위에 묻혀 있는 것을 찾아서 파내다"라는 뜻으로 쓰였습니다. 세 번째부터 다섯 번째까지는 "세상에 널리 알려지지 않거나 뛰어난 것을 찾아 밝혀내다"라는 뜻으로 쓰였고요.

그렇다면 '사각지대를 발굴하다'라는 표현은 어떤가요? 과연 '사각지대'가 '발굴하다'의 대상이 될 수 있을까요?

- 그 기관은 복지 사각지대를 발굴하기 위해 노력했다.

'발굴하다'가 제대로 쓰인 예들을 보면 '사각지대'와 같은 안타까운 상황은 '발굴하다'의 대상이 되기 어렵습니다. '사각지대'는 관심이나 영향이 미치지 못하는 구역을 비유적으로 이르는 말입니다.

'발굴하다'를 대신할 말로 '찾아내다'를 제안합니다. '찾아내다'는 "찾기 어려운 사람이나 사물을 찾아서 드러내다", "모르는 것을 알아서 드러내다"라는 뜻입니다. '문제 가정을 발굴하여' 같은 표현도 '문제 가정을 찾아내어'로 써야 하지요. 따라서 앞의 문장은 다음과 같이 고쳐 쓸 수 있습니다.

- 그 기관은 복지 사각지대를 찾아내기 위해/찾아내려고 노력했다.

'돌파'는
기분 좋은 일에 쓴다

? 감염자 수가 5만 명을 돌파했다.

↓

○ 감염자 수가 5만 명을 넘어섰다.

'영화 관람객 300만 돌파 기념!' 이런 표현, 많이 보셨지요? '돌파'는 역시 신나는 단어입니다. '돌파(하다)'가 쓰인 예들을 좀 더 보면 어떤 문맥에서 쓰이는지 분명히 알 수 있습니다.

- 목표 생산량 돌파
- 높이뛰기 신기록 돌파

- 그는 올 시즌 100타점을 **돌파**했다.

이처럼 '돌파'는 결과적으로 보람 있고 좋은 일이 되는 경우에 쓰입니다. 그런데 아래와 같이 쓰이는 예도 보여요.

- 감염자 수가 5만 명을 **돌파**했다.
- 감염자 수, 5만 명 **돌파** 가능

감염자 수 5만 명은 좋은 일이 아닌데 '돌파'를 쓰고, 게다가 '돌파 가능'으로도 표현했습니다.('가능'은 긍정 문맥에 어울리기에 이 문맥에는 어울리지 않습니다. 2장의 '가능하다' 부분을 참고하세요.) 이럴 때에는 "일정한 기준이나 한계 따위를 넘어서 벗어나다"라는 뜻을 나타내는 '넘어서다'나 "일정한 기준이나 한계 따위를 벗어나 지나다"라는 뜻을 나타내는 '넘다'를 써서 표현할 수 있습니다.

- 감염자 수가 5만 명을 넘어섰다.
- 감염자 수, 5만 명 넘을 수도

'돌파하다'는 다의어(두 가지 이상의 뜻을 가진 단어)로서 다음과 같이도 쓰입니다. 첫 번째 문장은 "쳐서 깨뜨려 뚫고 나아가다" 라는 뜻으로, 두 번째 문장은 "장애나 어려움 따위를 이겨내다"라는 뜻으로 쓰였습니다. 예문을 보면 알 수 있듯이 '돌파하다'는 어떤 뜻을 나타내든 부정적인 결과와는 맞지 않습니다.

- 적진을 돌파하다.
- 우리는 자력으로 이 모든 난국을 돌파하고 평정해서 살기 좋은 세월을 만들어 놔야겠단 말일세. _박종화,《임진왜란》

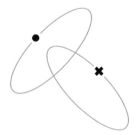

'대하여/대한'과
'관하여/관한'도 필요하다

○　　　　　　이 문제에 대하여 **토론하다**.

○　　　　　　　　이 문제를 **토론하다**.

문서에서 특히 '에 대한/대하여', '에 관한/관하여'가 참 흔하게 쓰입니다. 그런데 아래 질문의 내용처럼 '대하다/관하다' 사용에 대해 부정적으로 말하는 이야기를 들어 본 일이 있을 것입니다.

　'~에 대한'이 번역 투의 부자연스러운 표현이어서 쓰지 않아야 한다고 알고 있는데 어떤 경우에도 쓰지 않는 편이 좋은가요? '~에 관한'도 마찬가지인가요?

'대하다/관하다'보다 더 자연스럽고 간결한 표현이 있다면 '대하다/관하다'가 필요하지 않습니다. 예를 들어 '능력에 대한/관한 평가'로 쓸 필요 없이 '능력 평가'로, '능력에 대하여/관하여 평가하다'로 쓸 필요 없이 '능력을 평가하다'로 쓰면 간결합니다.

그런데 딱히 바꾸어 쓸 만한 단어가 없거나 '대하다/관하다'가 더 자연스러운 경우도 있습니다. 아래 예시 중에서 어떤 문장이 더 자연스럽게 느껴지나요?

- 이 문제에 대하여 토론하다.
- 이 문제를 토론하다.

서술어인 '토론하다'가 타동사이므로 목적격조사 '를'이 붙은 '이 문제를'로 쓸 수 있지만, '토론하다'는 '대하여'와 호응하는 경우가 많습니다. 실제 쓰임이 이러한 만큼 국어사전 문형 정보에서도 다음과 같이 설명해 놓았습니다.

＊ 토론하다 「동사」【(…과) …을】【(…과) -ㄴ지를】 (('…과'가 나타나지 않을 때는 여럿임을 뜻하는 말이 주어로 온다.))(('…을' 대신에 '…에 대하여'가 쓰이기도 한다.)) 어떤 문제에 대하여 여러 사람이 각각 의견을 말하며 논의하다.

‘대하다’와 ‘관하다’는 ‘대한/대하여’, ‘관한/관하여’ 꼴로 아래 예들과 같이 쓰입니다. 그러므로 꼭 써야 하는 경우라면 있는 단어를 활용한다는 차원에서 쓸 수 있습니다.

* 대하다 「동사」【…에】 (('대한', '대하여' 꼴로 쓰여)) 대상이나 상대로 삼다.
- 전통문화에 대한 관심
- 강력 사건에 대한 대책
- 우리는 무대예술에 대하여, 아니 예술의 전반에 대하여 이야기를 나눈다. _윤흥길,《묵시의 바다》

* 관하다 「동사」【…에】 ((주로 '관하여', '관한' 꼴로 쓰여)) 말하거나 생각하는 대상으로 하다.
- 실업 대책에 관하여 쓴 글
- 그 문제에 관한 한 우리는 한 치도 양보할 수 없습니다.
- 최상길이 여옥에게 들었든, 혹은 다른 사람에게서 들었든지 간에 자신에 관하여 많이 알고 있다는 것을 명희는 깨달았다. _박경리,《토지》

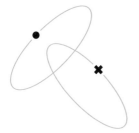

'○○○ 등 5명'과 '○○○ 외 4명' 중에 고른다면?

가나다 씨, 라마바 씨, 사아자 씨, 차카타 씨, 파하 씨

○ **가나다** 등 5명

○ **가나다** 외 4명

'등'이나 '외'를 써서 인원수를 표기하는 경우가 있습니다. 그런데 둘 중에 어떤 단어를 쓸지 머뭇거려집니다. 아래처럼 질문한 사람도 마찬가지였던 모양입니다.

일과 관련하여 인원을 세야 하는 경우가 있는데, '등'이라는 표현을

인원수와 함께 표기하는 올바른 방법이 궁금합니다. 예를 들어 가나다 씨, 라마바 씨, 사아자 씨, 차카타 씨, 파하 씨, 이렇게 총 5명이 있는 경우에 '가나다 등 4명'과 '가나다 등 5명' 중 어떤 것이 옳은 표기법인가요? 또한 '외'와는 어떤 관계가 있나요?

위에서 둘 중에 무엇이 맞을까요?

'등'은 그 밖에도 같은 종류의 것이 더 있음을 나타냅니다. 따라서 '가나다'라는 사람을 포함해 그 밖에 다른 사람이 더 있고, 전체 사람 수가 5명이라는 뜻을 나타내는 '가나다 등 5명'으로 표현해야 맞습니다.

한편 일정한 범위나 한계를 벗어남을 나타내는 '외'를 쓴다면, '가나다'라는 사람을 제외하고 4명이라는 뜻이므로 '가나다 외 4명'으로 씁니다.

가끔 '외'의 쓰임에 의구심을 지니기도 합니다. 예를 들어 '가나다 외 4명'이라고 하면, '가나다 외'라고 했으니 '가나다'를 완전히 빼 버리고 전체 사람 수는 4명이라고 보아야 한다고 해석하는 것입니다.

그런데 위 질문과 같은 경우는 '전체 사람 수'를 나타내는 문맥이므로 '가나다 외'의 '가나다'를 빼는 것은 아예 전제되지 않습니다. 빠지는 사람이라면 굳이 그 이름을 적을 필요가 없지

1장 의미에 맞는 적절한 표현으로

요. 그러니 '가나다'라는 사람이 있고, 이 사람 말고도 4명이 더 있어 총 5명이라는 뜻으로 이해하면 됩니다.

정리하면 총 5명이 있을 때에 '가나다 등과 같은 사람이 5명', '가나다 외에도 4명'의 뜻이 나타나도록 '가나다 등 5명'이나 '가나다 외 4명'이라고 표현하면 됩니다.

한 걸음 더
'등'과 '외'의 어감

'가나다 등 5명', '가나다 외 4명'이 총수總數가 같음을 나타낸다면 '등'과 '외' 중 어떤 말을 쓰는 것이 더 적절하냐고 묻기도 합니다. 두 표현은 모두 5명 중에서 '가나다'가 드러나게 되어 있습니다. 직위가 제일 높거나 대표성이 있거나 지도자인 사람의 이름을 '가나다'로 하기 마련이지요. 그런데 '등'은 '가나다'가 다른 4명과 '어우러지는' 느낌이고, '외'는 '가나다'가 '외딴' 느낌입니다. 그렇다면 '등'이 더 낫지 않을까요?

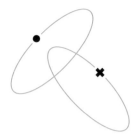

까닭을 나타내는
'로/에, (로) 인하여, 때문'

△   너로 내가 기쁘다.

↓

○   너로 인해 내가 기쁘다.

까닭을 나타내는 문맥에는 조사 '로'나 '에', 동사 '(로) 인하다', 의존명사 '때문'을 다 쓸 수 있습니다. 조사 '로/에'가 간결하기는 하지만, '로 인해'나 '때문'을 써야 문맥이 분명한 경우도 있지요. 무엇을 쓰거나 쓰지 말아야 한다기보다는 말하는 사람이 나타내고자 하는 바가 정확히 전달되도록 표현하면 됩니다.

    언젠가 이런 질문을 받은 적이 있습니다.

'손톱에 핸드폰 흠집 나겠네.' 이 문장이 부자연스러운가요? 저는 '손톱 때문에'를 줄여서 '손톱에'라고 말했는데 동생이 그런 문장이 어디 있냐고 해서요. 다른 예시로 '코로나19 때문에 많은 사람들이 힘들어한다'는 '코로나19에 많은 사람들이 힘들어한다' 같은 식으로 자연스럽게 쓰이는 듯한데 말이지요.

이 질문에서는 '손톱에'보다 '손톱 때문에'가 분명합니다. 그렇다고 여기에 '손톱으로 인해'로 표현할 필요는 없겠지요. '너로 내가 기쁘다'보다는 '너로 인해 내가 기쁘다'가 분명하고, '태풍에 나무가 쓰러졌다'보다는 '태풍 때문에 나무가 쓰러졌다'나 '태풍으로 인해 나무가 쓰러졌다'가 분명할 수 있습니다.

한편 '으로 인해'보다 '으로'가 간결한 경우도 있습니다. 아래 질문을 한 사람도 그 점을 생각했던 듯합니다.

'이 책은 역사적 원인으로 인해 구두점이 쓰이지 않았으며…….' 이 문장에서 '인해'의 기본형인 '인하다'가 그 자체로 "어떤 사실로 말미암다"라는 뜻을 가지고 있습니다. 그러므로 '원인으로'와 '인하여'를 함께 쓴다면 의미 중복으로 보이는데 '원인으로 인하여'가 올바른 표현인가요?

앞 질문 속 예문에서 '역사적 원인으로'라고 표현했다면 이와 같은 의구심이 일지 않았을 것입니다. '역사적 원인으로'로는 문맥이 확실히 드러나지 않는다고 여겨 '역사적 원인으로 인해'로 표현한 것일 테지만요. 그러나 '원인', '으로', '인해'가 이어지다 보니 충분히 헷갈릴 수 있다고 여깁니다. '역사적 원인으로 인해'로 표현할 수도 있지만, 여기에서는 '역사적 원인으로'가 낫다고 봅니다.

아래 예문에서도 '인해'를 쓰지 않아도 되겠지요.

- 최근 들어 지구 온난화와 같은 이상 기후 등 복합적인 원인으로 인해 꿀벌들이 사라져 가는 '벌집 군집 붕괴 현상'이 늘면서 생태계의 불균형이 초래됐을 뿐만 아니라 당장 우리의 밥상에도 빨간불이 켜졌다. 《전북일보》 2019년 6월

○   수요일에 가야 돼.

○   수요일 날에 가야 돼.

특정한 요일을 가리키는 것과 관련하여 이런 질문을 받은 적이
있습니다.

'나 수요일 날 병원에 가야 돼'라고 많이 말하는데요, '수요일 날'
대신 '수요일'이라고 해야 하나요?

실제로 '월요일 날, 토요일 날'과 같은 표현을 많이 듣고 써

왔을 것입니다. 특히 입말에서 그렇게 자주 씁니다. 그런데 '일'이 있으니 '날'을 또 쓸 필요가 없다고 생각할 수 있습니다. 물론이 생각도 일리가 있어 보입니다. '날'을 쓰지 않아도 의사소통에 문제가 없으니까요. 하지만 그렇다고 해서 '수요일 날에'를 '수요일에'로 꼭 바꿔야 할까요?

'날'에는 여러 가지 뜻이 있는데, 그중에서 '특정한 때로서의 하루'라는 뜻이 있습니다. 만약 '수요일'이 특정한 날이라고 생각하면 '수요일 날'이라고 표현할 수도 있겠지요. 그러니까 '수요일에 가야 돼'나 '수요일 날에 가야 돼'나 다 쓸 수 있습니다.

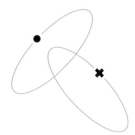

'3배가 늘다'와
'4배로 늘다'는 같은 뜻

○　　　3배가 늘었다. = 4배가 되었다. = 4배로 늘었다.

아래 문제를 한번 풀어 볼까요.

'500명→2000명'을 나타내는 표현으로 옳은 것은?

① 4배가 늘었다.

② 3배가 늘었다.

③ 4배가 되었다.

④ 4배로 늘었다.

정답은 ②, ③, ④입니다. 잘 맞혔나요?

①~④의 의미를 자세히 살펴보겠습니다.

① 500명에서, (500명의) 네 배인 2000명이 늘다.
② 500명에서, (500명의) 세 배인 1500명이 늘다.
③ 500명에서 (500명의) 네 배인 2000명이 되다.
④ 500명에서 (500명의) 네 배인 2000명으로 늘다.

①은 500+2000이므로 2500명이 되고, ②는 500+1500이므로 2000명이 됩니다. ③, ④도 결국 2000명이 되었다는 말입니다.

이는 조사 '가, 로'와 동사 '되다'의 의미에 따른 것입니다.

'4배가' 늘었다고 하면 500의 네 배인 '2000이' 늘었다는 뜻이므로, 500에다가 2000이 더해져 결과적으로 2500명이 됩니다. 한편 '3배가' 늘었다고 하면 '1500이' 늘었으므로 500에다가 1500이 더해져 결과적으로 2000명이 됩니다.

그리고 '4배가 되다'는 '되다'가 "일정한 수량에 차거나 이르다"라는 뜻을 나타내므로, '2000이라는 수량에 이르다'라는 뜻입니다. 한편 '4배로'는 변화의 결과를 나타내는 부사격조사 '로'가 쓰여 변화의 결과가 '500의 4배인 2000명으로'라는 뜻입니다.

　복잡하게 느껴질지 모르지만, 차근차근 그 의미를 파악해 가면 그리 어렵지 않습니다. 수치 표현에 오류가 생기지 않도록 조사와 단어의 뜻을 정확히 알고 알맞게 표현하세요. 아, 그리고 '4배 늘었다'처럼 조사를 쓰지 않으면 해석이 정확히 안 될 수도 있습니다. 그러니 '4배가'인지 '4배로'인지 정확히 알 수 있도록 조사를 꼭 써 주세요.

'저희 나라'는 '우리나라'의
낮춤말이 아니다

한국은 사계절이 있다.

○   공식 석상에서: 우리나라는 사계절이 있습니다.

○   잘 아는 외국인 노교수에게: 저희 나라는 사계절이 있습니다.

'우리나라'와 '저희 나라'라는 표현 때문에 논란이 인 적도 있고 해석도 분분하여 어떤 표현을 써야 할지 선뜻 선택하기 어려울 때가 있습니다.

대한민국 사람들인 우리는 '우리나라'라고 하면 됩니다. '우리나라'는 '우리'와 '나라'가 결합하여 만들어진 합성어입니다. '우리'와 '나라' 각각의 뜻이 아닌 "우리 한민족이 세운 나라를 스스로 이르는 말"이라는 의미를 지닌 단어이지요. 즉 대명사 '우리'의 뜻을 그대로 나타내지 않습니다.

우리는 '대한민국은/한국은 사계절이 있어요'가 아니라 '우리나라는 사계절이 있어요'라고 하면 됩니다.

사실 대명사 '저희'를 써서 '저희 나라'로 쓰는 경우가 많지는 않을 것입니다. 굳이 그 예를 찾자면 잘 아는 외국인 노교수와 개인적으로 이야기할 때에 '저희'를 씀으로써, 자기보다 높은 사람인 '외국인 노교수'를 상대하여 말하고 있음을 나타낼 수 있습니다. '(교수님의 나라인) 미국은 어떻습니까? 저희 나라는 이러한데요'와 같은 경우입니다.

요약하면 공식 석상에서는 '우리나라'로 쓰면 되고, 개인적으로 자기보다 높은 사람을 상대하여 말하는 경우에는 '저희 나라'를 쓸 수 있겠습니다.

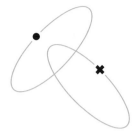

'가장 오래된 것 중 하나'가 아니라 '가장 오래된 것'

✕	가장 오래된 물건 중 하나
	↓
○	가장 **오래된 물건**
○	**오래된 물건** 중 하나

'가장 어떠한 것 중 하나'도 언젠가부터 습관적으로 쓰고 있습니다. 영어 번역문에서는 유난히 많이 보이는 표현이지요. 혹시 잘못된 표현처럼 느껴지시나요? 다음 질문을 한 사람도 같은 의구심을 품은 듯합니다.

'이곳은 한국에서 가장 아름다운 곳 중 하나입니다'라는 말이 텔레비전에 자주 나옵니다. 한국에서 가장 아름다운 곳은 한 곳일 텐데…… '이곳은 한국에서 매우 아름다운 곳입니다'라고 표현해야 맞지 않나요? 아마도 영어식 표현을 그대로 해석해 온 영향으로 이런 표현이 자주 쓰이는 것 같습니다.

'가장'은 "여럿 가운데 어느 것보다 정도가 높거나 세게"라는 뜻이므로 '가장 높은 산', '내가 가장 좋아하는 음식은 김치이다'와 같이 쓰입니다. 즉 대상이 되는 여러 개 중에서 '단 하나'를 가리켜 '가장 어떠한 것이다'로 표현하므로, '가장 어떠한 것 중 하나이다'는 의미가 맞지 않습니다.

따라서 위 질문 속 예문은 표현 의도에 따라 '이곳은 한국에서 가장 아름다운 곳입니다'나 '이곳은 한국에서 아름다운 곳 중 하나입니다'로 바꾸어 써야 합니다.

- **그것은 <u>가장 오래된 물건 중 하나이다</u>.**

그렇다면 위 문장도 마찬가지로 표현 의도에 따라 둘 중 하나로 쓸 수 있습니다.

- 그것은 가장 오래된 물건이다.
- 그것은 오래된 물건 중 하나이다.

그런데 다음과 같이 표현하는 경우가 있습니다.

- **청소할 때 가장 중요한 것은 청소기와 걸레이다.**

이 문장에서 '가장 중요한 것'이라고 했으니 '청소기', '걸레' 중에 하나여야 한다고 생각할 수 있지만, 낱개가 아닌 묶음 단위가 대상이 될 수도 있습니다. 즉 대상이 '청소기', '걸레'가 아니라 '청소기와 걸레'일 수도 있는 것이지요. '청소기와 걸레, 빗자루와 쓰레받기, 수세미와 스펀지 중에서 청소할 때에 가장 중요한 것은?'과 같이 전제하고 물었다면 위와 같이 답할 수도 있습니다.

수치를 생각할 수 있는 표현에서는 '가장 어떠한 것 중 하나'가 오류임이 확연히 드러납니다. 예를 들어 수치로 나타나는 '키'와 관련한 표현에서 '길동이는 1반에서 키가 가장 큰 사람 중 하나이다'로 말했다면 오류임을 금방 알 수 있습니다. 길동이가 가장 크다면 '길동이는 1반에서 키가 가장 큰 사람이다'로, 키가 비슷하게 큰 사람이 여러 명이라면 '길동이는 1반에서 키가 큰 학생들 중 하나이다'로 표현하면 됩니다.

한편 '길동이, 영수, 민수'의 키가 190센티미터로 똑같으면서 가장 커서 이들 세 명에게 '키가 가장 큰 사람'이라는 이름을 붙였다면요? 그런 경우에는 '길동이는 키가 가장 큰 사람 중 하나이다'로 표현할 수 있습니다.

'대충'
'파악할' 수는 없다

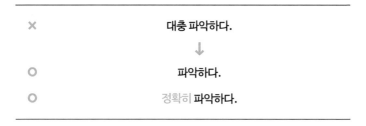

다음과 같이 '대충(대강) 파악하다'라는 표현을 들어 본 적이 있을 것입니다. 그런데 '대충(대강) 파악하다'가 의미상 알맞은 표현일까요?

- 거기에 들어가는 비용을 <u>대충 파악해서</u> 알려 줘.

'대충'은 "대강을 추리는 정도로", '대강'은 "자세하지 않게 기본적인 부분만 들어 보이는 정도로"라는 뜻을 나타냅니다. 그런데 '파악하다'는 "어떤 대상의 내용이나 본질을 확실하게 이해하여 알다"라는 뜻입니다.

이처럼 '대충, 대강'과 '파악하다'는 의미가 부딪치므로 '대충, 대강'이 '파악하다'를 수식하는 구조가 되기는 어렵습니다. '파악하다'만 쓰거나, 수식어를 쓴다면 '정확히', '확실히', '철저히' 등을 써서 '정확히/확실히/철저히 파악하다'로 표현할 수 있습니다.

- 거기에 들어가는 비용을 <u>파악해서</u> 알려 줘.
- 거기에 들어가는 비용을 <u>정확히/확실히/철저히 파악해서</u> 알려 줘.

'미-'를 붙일까,
'비-'를 붙일까?

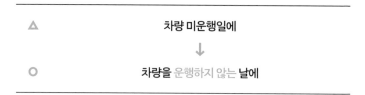

△ **차량 미운행일에**

↓

○ **차량을** 운행하지 않는 **날에**

명사 앞에 '아닐 미未'나 '아닐 비非'를 붙여서 명사를 부정하는 의미의 단어를 새로 만들어 쓰는 일이 있습니다. 그런데 그때 접두사 '미-'를 붙일지, '비-'를 붙일지 헷갈립니다. '미-'와 '비-' 는 미묘하게 그 쓰임이 다르기 때문입니다. 그럼 다음 질문을 같이 볼까요.

업무 차량 부품을 교체해야 하는데 당장 차량 운행은 해야 하는 상황입니다. 그래서 '차량을 운행하지 않는 날에 고장 부품 교체를 진행하겠습니다'라고 타 부서에 협조를 요청하려는 중에 궁금한 점이 생겼습니다. '차량 미운행일에 고장 부품을 교체합니다'와 '차량 비운행일에 고장 부품을 교체합니다' 중 어느 것이 맞습니까?

접두사 '미-'와 '비-'는 뜻에 차이가 있습니다. '미-'는 "그것이 아직 아닌" 또는 "그것이 아직 되지 않은"의 뜻을 더하고(미개척, 미성년, 미완성 등), '비-'는 "아님"의 뜻을 더합니다(비공식, 비민주적, 비생산적 등).

'미-', '비-'의 뜻으로 본다면 위 경우에는 '비운행일'이 알맞겠지요. 국어사전에서 각 단어의 뜻을 찾아봐도 '비운행'이 알맞다는 사실을 알 수 있습니다. '미운행'은 "차량 따위가 정해진 도로나 목적지를 오고 가지 아니함", '비운행'은 "차량 따위를 운전하고 다니지 않음"으로 풀이되어 있습니다. 특정 구간만 운행하지 않을 때에는 '미운행 구간'으로 표현할 수 있음도 참고해 주세요.

그런데 '비운행'과 같이 '비-'를 붙인 표현이 낯설게 느껴질 수 있습니다. 이럴 때에는 '미-/비-'를 고민하지 말고 '-지 않다'

로 표현하면 어떨까요?

- 차량을 <u>운행하지 않는</u> 날에 고장 부품을 교체하겠습니다.

한자어를 쓰면 뜻을 파악하는 데 도움이 되기도 합니다. 하지만 한자어를 굳이 쓰려고 해서 표현을 선택하기도 어렵고, 결과적으로 표현이 어색해지는 경우도 있습니다.

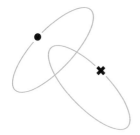

'전문가의 자문을 통해'가 아니라
'전문가에게 자문하여'

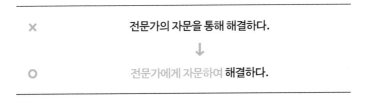

✕	전문가의 자문을 통해 해결하다.
	↓
○	전문가에게 자문하여 해결하다.

사회가 발달하다 보니 다방면의 전문가에게 물어볼 일이 많아졌습니다. 그런 상황을 표현할 때에 흔히 '자문'이라는 말을 쓰는데 이 말이 제대로 쓰이고 있는지 살펴보겠습니다.

'전문가의 자문을 통해 해결하는 것이 가장 좋은 방법이다.' 올바른 문장인가요? '자문'은 묻는 것인데 '전문가의 자문'이라고 하면 어색하게 느껴집니다.

'자문'은 "어떤 일을 좀 더 효율적이고 바르게 처리하려고 그 방면의 전문가나, 전문가들로 이루어진 기구에 의견을 물음"이라는 뜻입니다. 즉 '자문'은 간단히 말하면 '물음'입니다. 따라서 '전문가의 자문을 통해', '전문가에게 자문을 구했다', '전문가의 자문을 받아'는 '전문가의 물음을 통해', '전문가에게 물음을 구했다', '전문가의 물음을 받아'가 되어서 전문가가 나에게 묻는 셈이 됩니다.

'전문가의 자문을 통해'를 많이 보아서 익숙하지만 의미에 맞게 바꾸어야 합니다. 이때 동사 '자문하다'를 쓰면 되지요. '자문하다'는 '누가 누구에게/어디에 무엇을 자문하다' 문형으로 쓰이므로 아래와 같이 표현하면 됩니다.

- 그 문제는 전문가에게 자문하여 해결했다.
- 우리는 그 기관에 경제 시책을 자문했다.
- 그 회사는 유명한 경제 전문가에게 매사를 자문한다.

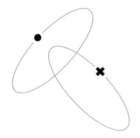

'을 통해'를
습관적으로 쓰지는 말자

△	망원경을 통해 밖을 내다보다.
	↓
○	망원경으로 밖을 내다보다.

'을 통해'라는 표현 역시 많이 쓰입니다. 다음 질문에서 교수님이 쓸데없다고 한 말은 습관처럼 쓴다는 뜻일지도 모릅니다.

교수님이 '~을 통해'를 사용하지 말라고 하십니다. 그 이유는 내용이 없는 쓸데없는 말이기 때문이라고요. 예를 들어 '정보 시스템을 통해 방안을 마련한다'에서 방안도 구체적으로 명시되지 않았고

'통해'로 더 알 수 있는 것도 없다고요. 방안을 구체적으로 명시하지 않았다는 말은 이해가 가지만, 찾아보니 '~을 통해'는 표준 용법이던데 내용이 없다는 게 무슨 말인지 모르겠습니다.

'통하다'의 뜻과 용례는 아래와 같습니다.

> ＊ **통하다** 「동사」 어떤 사람이나 물체를 매개로 하거나 중개하게 하다.
> - 망원경을 <u>통해</u> 밖을 내다보다.
> - 그 시상식은 텔레비전을 <u>통해</u> 전국에 생방송으로 중계됐다.

첫 번째 문장처럼 '망원경을 통해'로 쓰기도 하지만 '망원경으로 밖을 내다보다'처럼 '망원경으로'라고 해도 됩니다. '으로'가 더 간결하지요.

두 번째 문장도 의미로 보면 '을 통해' 대신 '으로'를 쓸 수 있습니다. 그러나 뒤에 '생방송으로'에도 '으로'가 쓰여서 이와 같은 경우에는 중복되지 않게 표현을 달리하는 경향이 강합니다. '생방송으로'가 없다면 '그 시상식은 텔레비전으로 전국에 중계됐다'로 할 수 있는데, '생방송으로'가 쓰이면 '텔레비전으로 전국에 생방송으로'가 어색하므로 '텔레비전을 통해 전국에 생방송으로'처럼 표현을 달리하게 됩니다.

'을 통해'를 쓸 수 있지만, 습관처럼 쓰지 말고 여러 방식으로 표현해 보세요. 만약 '을 통해'를 써야 효과적이라면 잘 활용해야겠지요.

이제, 질문 속 예문은 아래와 같이 표현할 수 있습니다.

- 정보 시스템을 통해 문제 해결 방안을 마련한다.
- 정보 시스템으로(써) 문제 해결 방안을 마련한다.
- 정보 시스템을 활용하여 문제 해결 방안을 마련한다.

한 걸음 더
'통한'이 필요한 때

'구' 표현에서는 '통하다'를 '통한'으로 표현하면 유용합니다. '구'라면 '정보 시스템을 통한 문제 해결 방안 마련'과 같이 구성하게 되는데 '을 통한'을 대체할 만한 표현이 딱히 없습니다.

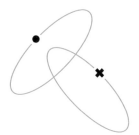

? 보여지다, 생각되어지다, 향상시키다, 증진시키다

↓

○ 보이다, 생각되다, 향상하다, 증진하다

여기에서 다루는 사항은 맞고 틀리는 문제라기보다 간결하게 표현하는 차원이라고 보면 좋습니다.

'보이다', '생각되다'만으로 피동의 뜻이 드러나므로, '피동'의 뜻을 더하는 '(-어)지다'를 또 써서 '보여지다', '생각되어지다'로 쓸 필요가 없습니다.

그리고 국어사전을 보면 '향상하다'와 '증진하다'는 사동의 뜻(–게 하다)을 지녔음을 알 수 있습니다. 따라서 사동의 뜻을 더하는 '–시키다'를 붙여 '향상시키다', '증진시키다'로 쓰면 사동의 뜻이 겹칩니다. 명사의 뜻 그대로 지니고 동사로 만드는 '–하다'를 붙여 '향상하다, 증진하다'로 표현하면 됩니다. 이는 주동과 사동으로 뚜렷이 구별되어 쓰이는 '발전하다–발전시키다'와는 다른 경우이지요.

* 향상하다 「동사」 실력, 수준, 기술 따위가 나아지다. 또는 나아지게 하다.
* 증진하다 「동사」 기운이나 세력 따위를 점점 더 늘려 가고 나아가게 하다.

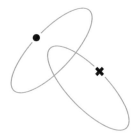

'여부'를 잘 쓰는 방법

?   사실인지 여부를 확인하다.

↓

○   사실인지 **확인하다.**

○   사실 여부를 **확인하다.**

다음 중에서 어떤 것이 가장 자연스러운 것 같나요?

- 통신망을 구축할지 여부에 관심이 쏠리고 있다.
- 통신망을 구축할지에 관심이 쏠리고 있다.
- 통신망(의) 구축 여부에 관심이 쏠리고 있다.

자연스럽다는 느낌은 사람마다 다를 수 있습니다. 하지만 '여부'가 "그러함과 그러지 아니함"이라는 뜻을 지닌 말입니다. 첫 번째 문장은 '통신망을 구축할지 그럴지 안 그럴지(여부)가 관심의 대상이다'라는 뜻이 됩니다. 그러니 첫 번째 문장보다는 두 번째 문장이나 세 번째 문장으로 표현해야 간결합니다.

세 문장이 다른 의미로 받아들여지지는 않아서 어느 것으로든 표현할 수 있다고 생각할 수 있는데, 간결하게 두 번째 문장이나 세 번째 문장으로 표현하기를 권합니다. 더 나아가 세 번째 문장은 명사가 나열되고 '의'가 나타날 수 있는 관형화 구성이어서 두 번째 문장이 더 낫다고 봅니다.

국어사전에 '여부'의 용례가 아래와 같이 실려 있습니다.

- **사실 여부를 확인하다.**
- **먼저 도착한 가족들은 아들, 남편, 아버지의 이름을 부르며 생사 여부를 알려고 아우성쳤다.** _유현종,《들불》

'사실 여부'는 '사실인지 아닌지'의 뜻이므로 잘 썼습니다. 이를 '사실인지(를) 확인하다'로도 쓸 수 있습니다. 그런데 '생사 여부'는 '여부'를 쓸 필요 없이 '살았는지 죽었는지를 알려고'를 뜻하는 '생사를 알려고'로 표현하면 됩니다.

그런데 '생사'와 같이 양쪽 의미를 모두 지닌 단어 뒤에 또 '여부'를 쓰는 경우가 많습니다. '생사'뿐만 아니라 '진위'도 그러하지요. '진위를 확인하다'로 써도 충분한데 '진위 여부를 확인하다'로 자주 씁니다.

　표현은 선택의 문제이지만 간단하면서도 짜임새 있는 표현, 즉 '간결한 표현'을 쓰면 더욱 좋습니다.

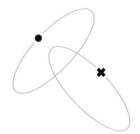

'어떡해'가 '어떻게 해'의
준말이긴 하지만

?	이 게임은 어떡해?
	↓
○	이 게임은 어떻게 해?

아래 질문을 한번 볼까요.

'어떻게 해'의 준말이 '어떡해'라는 사실을 알았습니다. 그렇다면
'이 게임은 어떻게 해?'라는 문장은 게임을 어떻게 조작하는지 묻
는 문장인데 '이 게임은 어떡해?'로도 쓸 수 있나요? '어떻게 해=
어떡해'이니까요.

‘어떻게 해’라는 뜻을 나타낼 때에 입말에서 흔히 ‘어떡해’로 표현합니다. 그런데 ‘어떡하다[어떠카다]’라고 발음은 되는데, 실제로 이런 표기가 있는지 헷갈립니다. 또 ‘어떡하다’가 ‘어떻게(어떠하게) 하다’의 준말이니까 어느 경우에나 넘나들어 쓰일 수 있는지도 궁금합니다.

 ‘어떻게 해’를 ‘어떡해’로 줄여 쓸 수 있느냐는 질문에 답하자면, 형태상으로 줄여 쓸 수는 있습니다. 그런데 ‘방법’을 묻는 경우에는 준말을 쓰지 않고 ‘어떻게’를 밝히려는 경향이 있고, 또 그것이 의미 파악에도 도움이 됩니다.

 아래 예문들을 살펴보면 첫 세 문장과 나머지 세 문장이 구별됨을 알 수 있습니다. 나머지 세 문장의 표기를 ‘어떡해야’, ‘어떡해서’로 쓰지 못하는 것은 아니지만, 방법의 뜻을 드러낼 때에는 준말을 쓰지 않는 경향이 강합니다.

- 저런, 저걸 <u>어떡하면</u> 좋으냐!
- 오늘도 안 오면 <u>어떡해</u>.
- 종대는 고향이 아닌 정읍에서 <u>어떡하든</u> 살아 보려고 바둥거렸다.

  _최인호,《지구인》

- 자금 부족을 고민하는 남편을 보면서도 그녀는 자신이 <u>어떻게 해야</u>

할 줄을 몰랐다.

- 그러나 나는 아직 나이가 주는 세련미의 결핍과 경험 부족으로 여자와 만나면 어떻게 해야 하는지를 잘 모른다. _유흥종,《내 첫사랑 주희 누나》

- 그가 닻을 내린 곳이 어떤 곳이며 어떻게 해서 그렇게 되었는가에는 관계없다. _최인훈,《회색인》

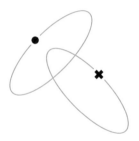

와, 그리고, 쉼표의 관계

?	크기, 색깔 그리고 모양에 따라
	↓
○	크기, 색깔, 모양에 따라

접속조사 '와', 접속부사 '그리고', 쉼표(,)의 쓰임을 다음 예로 한번 알아볼까요.

① A는 B와 C를 불렀다.

② A는 B와 그리고 C를 불렀다.

③ A는 B 그리고 C를 불렀다.

④ A는 B, 그리고 C를 불렀다.

⑤ A는 B, C를 불렀다.

　방금 본 표현들의 의미가 어떻게 해석되나요? 뜻이 같다고 여긴다면 ①처럼 표현해야 간결하다고 생각할 수 있습니다.

　그런데 언뜻 보면 뜻이 같아 보이지만 ①은 두 가지 뜻으로 해석될 수 있습니다. 'A가 부른 사람은 B와 C 두 사람이다', 'A와 B가 같이 C를 불렀다'로 말입니다. 이 때문에 ②~⑤와 같이 여러 표현이 나타납니다.

　중의성을 없애려는 뜻으로야 ②에서 ⑤까지 어느 표현으로든 쓸 수 있는데, ②~⑤에 쓰인 '와', '그리고', '쉼표'는 기능이 다르지 않습니다. 그러므로 간결하게는 ③과 ⑤처럼 쓸 수 있습니다. 다만 '그리고'는 특별히 의도하여 쓰는 경우가 많고 자연스럽게는 ⑤처럼 쉼표를 쓰면 되겠지요.

- 물건을 크기, 색깔, 그리고 모양에 따라 구별했다.
- 물건을 크기, 색깔 그리고 모양에 따라 구별했다.

　위 문장에는 '그리고'를 쓸 필요 없이 쉼표를 쓰면 간결합니다. 위와 같이 여러 개를 나열할 때에 끝에 '그리고'를 쓰는 경우가 있고, 이렇게 해야 한다고 생각하기도 합니다. 여기에는 영어의 'A, B, C and D' 구조가 영향을 준 것으로 보이는데, 같은 자격의 어구를 연결할 때에는 쉼표를 쓰면 됩니다.

- 물건을 크기, 색깔, 모양에 따라 구별했다.

중의성을 없애는 데에 문장부호가 도움이 많이 됩니다. ① 의 중의성도 쉼표 하나를 써서 간단히 해결할 수 있습니다. 바로 다음과 같이 쓰면 되지요.

- A는, B와 C를 불렀다.
- A는 B와, C를 불렀다.

한 걸음 더
'그리고'를 써야 효과적일 때

아래와 같은 경우에는 '그리고'를 쓰면 가독성에 도움을 줄 수 있습니다.

- 물건을 크기, 색깔, 소비자의 욕구에 따라 구분했다.
- 물건을 크기, 색깔 그리고 소비자의 욕구에 따라 구분했다.

앞에 나열된 것과 성격이 다르거나 단위가 다를 때에는 '그리고'로 경계를 지으면서 나열하면 오히려 가독성이 높아집니다. '크기, 색깔'과 '소비자의 욕구'는 성격이 다르기 때문에 '그리고'를 쓰면 문맥을 이해하는 데에 더 도움이 되지요.

한편 이때 '물건을 크기, 색깔, 그리고 소비자의 욕구에 따라 구분했다'와 같이 '그리고' 앞에 쉼표를 또 써도 괜찮은지 묻기도 합니다. 나열 차원이라면 '쉼표'와 '그리고'가 다르지 않으므로 '그리고'만 써도 충분합니다. 그래도 만약 표현하는 사람이 '크기, 색깔' 뒤에 '쉼'을 줄 의도로 쉼표를 써서 끊어 읽도록 하고자 한다면 쉼표를 못 쓸 이유는 없습니다.

2장
간결하고
짜임새 있는
문장구조로

영어 공부를 할 때 '주어+동사' 구조를 많이 들어 봤을 텐데요, 우리말도 과연 그럴까요? '음…… 뭐가 다른가?'라고 생각했다면 영어 공부 시간의 반만이라도(아니, 3분의 1이라도) 시간을 내서 국어 문장구조에 관심을 가져야 합니다. 우리말 문장은 기본적으로 '주어-동사'가 아니라 '주어-서술어'이니까요. 동사, 명사 등은 단어(형태론) 차원이고 주어, 서술어 등은 문장(통사론) 차원으로 다르다는 점! 자, 이제 우리말의 문장구조를 살펴볼까요?

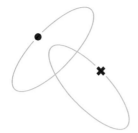

'서술어'로 끝나면 '문장', '명사'로 끝나면 '구'

✖   위기관리 대응 체제 확립으로 안전한 학교 실현

↓

◯   (문장) 위기관리 대응 체제 확립으로 안전한 학교를 실현한다/실현함.

◯   (구) 위기관리 대응 체제 확립을 통한 안전한 학교 실현

문장성분의 호응이 잘됐네 안됐네 하는 말을 들어 본 적이 있을 겁니다. 목적어나 부사어가 있다면 그와 호응하는 서술어를 갖추어야 문장성분이 잘 호응된 문장이 됩니다. '서술어'는 한 문장에서 주어의 움직임, 상태, 성질 등을 서술하는 말로, '어찌하다(동사)', '어떠하다(형용사)', '무엇이다(서술격조사 '이다'가 붙은

말)' 중 하나입니다.

• **위기관리 대응 체제 확립으로 안전한 학교 실현**

이 경우에는 '위기관리 대응 체제 확립으로'라는 부사어가 있는데 호응하는 서술어가 없습니다. 그러므로 서술어가 될 수 있는 동사 '실현하다'를 써서 '실현한다'나 명사형인 '실현함'이라는 서술어를 만들어야 문장이 됩니다.

한편 '명사'로 끝나는 '구'로도 표현할 수 있는데, 이때에는 '무엇을 통한 무엇', '무엇에 의한 무엇'과 같이 관형어가 명사를 수식하는 구조가 되도록 바꾸어야 합니다.

○ **문장**

위기관리 대응 체제 확립으로 안전한 학교를 <u>실현한다/실현함</u>.
서술어

○ **구**

위기관리 대응 체제 확립을 통한 안전한 학교 <u>실현</u>
명사

한번은 다음의 첫 번째 문장보다는 두 번째 문장처럼 쓰는 것이 더 낫지 않느냐는 질문을 받은 적이 있습니다. 이런 비슷한 질문을 자주 받는데, 이는 구 또는 문장을 구성하는 일이 쉽지 않음을 보여 줍니다.

- **방송통신중고등학교 온라인 수업 활용으로 과목 미이수자 학습권 보장**
- **방송통신중고등학교 온라인 수업을 활용을 통한 과목 미이수자 학습권 보장**

이 질문을 한 사람이 두 번째 문장이 더 낫다고 생각한 이유는 무엇일까요? 아마도 '통한'으로 앞뒤를 묶는 방식이 워낙 많이 쓰이다 보니 두 번째 문장이 익숙하게 느껴졌겠지요. 하지만 두 문장 모두 올바른 구성은 아닙니다. 첫 번째 문장은 문장으로 진행되다가 구로 끝났고, 두 번째 문장은 '통한'의 목적어가 하나여야 하는데 두 개이니까요.

첫 번째 문장을 구가 아닌 문장으로 끝나도록 다시 써 볼까요. 이때 명사형으로 종결할 수 있습니다.

- 방송통신중고등학교 온라인 수업 활용으로 과목 미이수자 학습권을 보장함.

한편 구로 꼭 써야 한다면 다음과 같이 고칠 수 있습니다.

- 방송통신중고등학교 온라인 수업 활용을 통한 과목 미이수자 학습
  권 보장

둘 중에서 어느 것이 낫다고 하기는 어렵지만, 내용이 잘 이해되기는 문장 방식이 낫고, 간단하게 표현하기로는 구 방식이 낫습니다. 그래서 보고서를 작성할 때에 하위 항목이나 표 안의 내용을 간단히 적을 경우에는 구 방식을 많이 선택합니다. 그런데 간단히 한다고 구 방식으로만 구성하면 글을 읽을 때에 피로도가 높아지므로 두 방식을 적절히 사용하는 것이 좋습니다.

다만 하나의 항목에서는 종결형을 일관되게 쓰는 것이 중요합니다. 어느 신문에서 아래와 같은 내용을 보았습니다.(띄어쓰기, 문장부호를 비롯해 내용을 그대로 옮겼습니다.)

정전 상태를 종식시키고 확고한 평화 체제를 수립

① 불가침 합의를 재확인하고 엄격히 준수

② 단계적 군축

③ 종전을 선언하고 정전협정을 평화협정으로 전환.

남북미 3자 또는 남북미중 4자회담 개최

④ 완전한 비핵화를 통해 핵 없는 한반도를 실현.

이 문구들은 문장도 아니고 구도 아니며, 무엇보다 일관성이 없습니다.

그럼 먼저 문장(서술형, 명사형)으로 일관되게 바꾸어 볼까요. 문장은 서술형으로 끝나는 것이 기본이지만 명사형으로 종결할 수도 있다고 이미 말씀드렸지요. 그리고 문장 끝에는 마침표를 쓰는데, 명사형으로 종결할 때에는 마침표를 쓰지 않는 것도 허용됩니다.(3장 '문장부호' 부분에서 좀 더 자세히 설명합니다.) 따라서 명사형 종결 문장에는 마침표를 찍을지 말지를 정해 일관되게 적용하면 됩니다.

○ **서술형 종결 문장**

정전 상태를 종식하고 확고한 평화 체제를 수립한다.

① 불가침 합의를 재확인하고 엄격히 준수한다.

② 단계적으로 군축한다.

③ 종전을 선언하고 정전협정을 평화협정으로 전환한다.

남북미 3자 또는 남북미중 4자 회담을 개최한다.

④ 완전한 비핵화를 통해 핵 없는 한반도를 실현한다.

○ **명사형 종결 문장**(마침표를 쓰거나 쓰지 않을 수 있음)

정전 상태를 종식하고 확고한 평화 체제를 수립함.

① 불가침 합의를 재확인하고 엄격히 준수함.

② 단계적으로 군축함.

③ 종전을 선언하고 정전협정을 평화협정으로 전환함.

남북미 3자 또는 남북미중 4자 회담을 개최함.

④ 완전한 비핵화를 통해 핵 없는 한반도를 실현함.

한편 아래와 같이 구로 만들 수도 있습니다. 대개는 구가 간단하다고 여겨서 선호하지만 구로 만들기 어려운 문구도 있고(이에 따라 결과적으로 문법에 맞지 않는 표현이 생길 수 있습니다.), 구로 만들면 어색한 경우도 있습니다.

○ **구**

정전 상태 종식 및 확고한 평화 체제 수립

① 불가침 합의 재확인과 엄격(한) 준수

② 단계적 군축

③ 종전 선언 및 정전협정의 평화협정으로의 전환

남북미 3자 또는 남북미중 4자 회담 개최

④ 완전한 비핵화를 통한 핵 없는 한반도 실현

통한, 대한·관한, 의한, 따른

관형어가 명사를 수식하는 구 구성에서 많이 쓰이는 표현을 정리해 보겠습니다.

● 통한   '(무엇을) 통한'의 '통하다'는 "어떤 사람이나 물체를 매개로 하거나 중개하게 하다"(예: 망원경을 통해 밖을 내다보았다.), "어떤 과정이나 경험을 거치다"(예: 실습을 통해 이론을 익힌다.)라는 뜻이므로 그 뜻에 맞게 쓰면 됩니다.

● 대한·관한   '(무엇에) 대한·관한'의 '대하다'와 '관하다'는 각각 "대상이나 상대로 삼다", "말하거나 생각하는 대상으로 하다"라는 뜻을 나타내어 의미 차이가 별로 없습니다. '무엇에 관한 설명으로 옳은 것은?'이나 '무엇에 대한 설명으로 옳은 것은?'으로 다 쓸 수 있습니다. 다만 '대하다'와 '관하다'가 동의어는 아니므로 '이웃에 대한 관심'(관심의 대상), '실업 대책에 관한 글'(글의 주제가 되는 대상)과 같

이 저마다 더 잘 어울리는 문맥이 있을 수 있습니다.

- **의한**　'(무엇에) 의한'의 '의하다'는 "무엇에 의거하거나 기초하다. 또는 무엇으로 말미암다"라는 뜻을 나타냅니다.

- **따른**　'(무엇에) 따른'의 '따르다'는 "어떤 경우, 사실이나 기준 따위에 의거하다"라는 뜻을 나타냅니다. 따라서 '무엇에 의거한'의 뜻으로 '무엇에 따른'을 쓸 수 있습니다. 덧붙여 '의거한'보다 '따른'이 친숙한 표현이므로 '무엇에 의거한'으로 써 왔다면 '무엇에 따른'으로 바꾸는 것이 좋습니다.

'통한', '대한·관한', '의한', '따른'의 뜻에 맞게 문맥에 어울리는 단어를 선택할 수 있습니다. 다만 이러한 표현을 문장에 많이 쓰게 되면 구조상 글이 답답해질 수 있습니다. '실습을 통한 훈련을 하다'보다 '실습을 통해 훈련하다'가, '기준에 따른 행동을 하다'보다 '기준에 따라 행동하다'가 낫습니다. 하지만 '실습을 통해 훈련하다', '기준에 따라 행동하다'라는 문장을 구로 나타내야 할 때에는 '실습을 통한 훈련', '기준에 따른 행동'과 같이 '통한', '따른'을 쓰는 구조가 될 수밖에 없습니다.

한 걸음 더 2
명사형 종결 문장

요즘은 명사형으로 종결하는 문장을 많이 쓰는데(특히 보고서에서), 서술형(준수한다)이 아닌 명사형(준수함)이 문장의 전형적인 종결 방식은 아닙니다. 명사형 종결 뒤에 마침표를 쓸지 말지 생각하는 이유도 명사형 종결이 완전한 문장으로 느껴지지 않기 때문이라고 할 수 있습니다. 하지만 이제는 명사형 종결이 간결한 표현 방식으로 인식되어 자리를 굳힌 만큼 짜임새를 생각하면서 표현하면 됩니다.

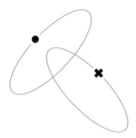

'및'은 명사(구)와
명사(구)를 연결한다

×   관리자를 추가, 삭제 및 권한을 조정할 수 있다.

↓

○   관리자 추가, 삭제 및 권한 조정을 **할 수 있다.**

말할 때에는 거의 안 쓰는데 글을 쓸 때에는 자주 튀어나오는 및! 그런데 앞뒤를 연결하는 '및'을 무심하게 쓰다 보면 결과적으로 아래와 같이 문장구조가 이상해지기도 합니다.

- 계정 액세스에서 <u>관리자를 추가, 삭제 및 권한을 조정</u>할 수 있다.
- 코로나19 감염을 <u>확산 방지 및 안전한 학교 환경</u>을 위해 외부인의

       2장 간결하고 짜임새 있는 문장구조로

교내 시설 사용을 제한합니다.

첫 번째 문장은 '및'이 '관리자를 추가, 삭제'와 '권한'을 연결하거나 '삭제'와 '권한'을 연결한다고, 두 번째 문장은 '코로나19 감염을 확산 방지'와 '안전한 학교 환경'을 연결한다고 해석할 수 있습니다. 그런데 두 문장구조 모두 짜임새가 없습니다.

'및'은 '명사(구) 및 명사(구)'와 같이 앞뒤 말의 문법적 층위가 같을 때에 쓰이므로 다음과 같이 구성할 수 있습니다. 원래예문과 비교하며 찬찬히 살펴보세요.

- 계정 액세스에서 관리자 추가, 삭제 및 권한 조정을 할 수 있다.
- 계정 액세스에서 관리자 추가·삭제 및 권한 조정을 할 수 있다.
- 코로나19 감염 확산 방지 및 안전한 학교 환경을 위해 외부인의 교내 시설 사용을 제한합니다.

한편 '및'을 쓰지 않고 대등하게 벌여 놓는 '–고'나 어느 것이든 선택될 수 있음을 나타내는 '–거나'를 써서 표현할 수도 있습니다. 둘 중 어느 것을 쓸지는 표현 의도에 따릅니다.

- 계정 액세스에서 관리자를 추가, 삭제하고, 관리자의 권한을 조정

- 할 수 있다.
- 계정 액세스에서 관리자를 추가, 삭제하거나 관리자의 권한을 조정할 수 있다.
- 코로나19 감염 확산을 방지하고, 안전한 학교 환경을 만들기 위해 외부인의 교내 시설 사용을 제한합니다.

'및'을 잘 쓰면 간단하면서도 짜임새 있는 문장을 만들 수 있지만, 그렇게 되지 않는 경우도 많으니 몇 자 더 쓰게 되더라도 위와 같이 풀어 쓰면 어떨까요? 간단하게 쓰기, 한 장에 쓰기처럼 짧게 쓰라는 요구를 받기도 하지만, 짧기만 하고 구조에 맞지 않는 문장보다는 몇 자 더 써서 조금 길어지더라도 문법에 맞는 문장을 쓰는 것이 바람직합니다.

또한 '및'은 '명사(구) 및 명사(구)'와 같이 앞뒤 말의 문법적 층위가 같을 때에 쓰인다고 했습니다. 그러니 '명사(분석, 개선) 및 동사(분류하다, 보완하다)' 구성이 아니라 다음과 같이 쓰면 됩니다. 여기에 쓰인 쉼표는 '분석하고 분류하여', '개선하고 보완하고'에서 '하다'가 되풀이되지 않게 만들어 줍니다.

- 분석 및 분류하여 → 분석, 분류하여
- 개선 및 보완하고 → 개선, 보완하고

언젠가 어떤 건물 창틀에서 아래와 같은 문구를 본 적이 있습니다.

- **방충망은 방범 및 추락을 방지하지 못합니다.**

여기에서도 '및'이 바르게 쓰이지 않았습니다. 이 문장은 '방충망은 방범을 방지하지 못합니다'와 '방충망은 추락을 방지하지 못합니다'가 '및'으로 묶인 구조로 해석됩니다. '추락을 방지하지 못합니다'는 맞지만, '방범을 방지하지 못합니다'는 틀렸습니다. '방범'은 막을 대상이 아니기 때문이지요.

표현 의도를 생각해서 다음과 같이 쓸 수 있습니다. 그러니까 보안에 관한 한 방충망만 믿으면 안 되고, 방충망에 몸을 기대어도 안 된다는 뜻이에요.

- 방충망은 방범 및 추락 방지를 하지 못합니다.
- 방충망은 추락 방지 및 방범을 하지 못합니다.
- 방충망은 방범이나 추락 방지를 못 합니다.

좀 더 쉽게는 다음과 같이 쓸 수 있습니다.

- 방충망은 범죄 예방 및 추락 방지를 하지 못합니다.
- 방충망은 범죄 예방이나 추락 방지를 하지 못합니다.
- 방충망이 범죄를 예방하거나 추락을 방지하지는 못합니다.

한 걸음 더
와/과

'및' 대신 '와/과'도 쓸 수 있습니다. '및'에 비해 '와/과'가 한결 부드러운 느낌을 줍니다.

- **분석 및 분류/분석과 분류**
- **개선 및 보완/개선과 보완**

2장 간결하고 짜임새 있는 문장구조로

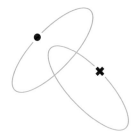

✕	청소년은 창조할 권리를 가진다.
	↓
○	청소년은 무엇을 창조할 권리를 가진다.
○	청소년은 무엇을 창조할 권리가 있다.

우리말에는 동작의 대상인 목적어가 필요하지 않은 '자동사'가 있고, 목적어가 필요한 '타동사'가 있습니다.

그런데 가끔 타동사가 쓰인 문장에 목적어가 없는 경우를 봅니다. 다음 예문을 한번 살펴볼까요.

- 청소년은 건전하고 다양한 문화, 예술 활동에 참여하고 <u>창조</u>할 권리를 가진다.

'창조하다'는 타동사이므로 목적어가 나와야 문장성분의 호응이 완전해집니다. 그런데 목적어가 없으니 앞의 내용을 보고 '다양한 문화, 예술을 창조할 권리인가 보다' 하고 추측하는 데에 그칠 뿐 문맥을 분명히 이해하는 데에는 한계가 있습니다. 아래와 같이 '무엇을'에 해당하는 내용을 채워 넣어야 그 뜻이 확실해지지요.

- 청소년은 건전하고 다양한 문화, 예술 활동에 참여하고 <u>무엇을</u> 창조할 권리를 가진다.
- 청소년은 건전하고 다양한 문화, 예술 활동에 참여하고 <u>무엇을</u> 창조할 권리가 있다.

한편 '참여하다'는 자동사이므로 목적어 없이 '누가 무엇에 참여하다'로 잘 쓰였습니다.

글을 쓰는 사람은 자신이 쓰는 글의 문맥을 알므로 필수 문장성분이 생략돼도 이해하며 읽지만, 다른 사람은 필수 문장성분이 생략되면 정확히 이해할 수가 없습니다. 뜻을 짐작하거나 모르는 채로 넘어갈 수밖에 없지요.

　　문장성분이 호응하는 분명한 문장을 쓰고 싶다면 국어사전의 문형 정보를 참고해 보세요. 아래는 국립국어원 누리집 국어사전에 있는 '참여하다(자동사)'와 '창조하다(타동사)'의 문형 정보와 뜻풀이입니다.

　　* 참여하다 「동사」【…에】어떤 일에 끼어들어 관계하다.
　　* 창조하다 「동사」【…을】전에 없던 것을 처음으로 만들다.

　　'참여하다'는 주어 외에 '에' 성분(부사어)과, '창조하다'는 주어 외에 '을' 성분(목적어)과 호응함을 알 수 있습니다. 이처럼 국어사전을 활용하면 서술어와 호응하는 문장성분을 확인하여 잘 구성된 문장을 쓸 수 있습니다.

문장구조를 바꾸면
'것'이 줄어든다

△ 　　　　꽃을 사는 것은 그가 가장 좋아하는 것이다.

　　　　　　　　　　　↓

○ 　　　　그는 꽃을 사는 것을 가장 좋아한다.

문장을 다 쓰고 나서 보니 '것'이 너무 많다면 문장구조를 바꾸
어 조정할 수 있습니다. 아래 질문을 보겠습니다.

　　문장을 쓸 때에 '~것이다', '그것은 ~이다', '~것은 ~것이다'처럼
　　'것'이 자주 들어가는 표현은 지양하는 게 좋다고 들었습니다. 그
　　렇다면 "꽃을 사서 누군가를 만나는 것은 그가 가장 좋아하는 것

'것'이 많이 쓰인다고 해서 비문은 아니지만, '것'이 너무 많이 나오면 문장이 매끄럽지 못합니다.

위의 예에서 '꽃을 사서 누군가를 만나는 것은'을 주어로 하면 '무엇이 무엇이다' 문형이 되어 '어떤 것은 어떤 것이다'처럼 서술부에 또 '것'이 들어가게 됩니다. 문장을 처음 썼을 때에 '것'이 반복되어 있다면 다른 문형으로 표현할 수 있는지 살펴보세요. 이 문장도 '그는'을 주어로 하면 '무엇이 어찌하다' 문형이 되어 서술어가 '좋아한다'가 되고 '것'이 줄어들어 문장이 매끄러워집니다.

- 그는 꽃을 사서 누군가를 만나는 것을 가장 좋아한다.

다른 예로 '무엇이 무엇이다' 문형인 '사랑은 누구에게나 꼭 필요한 것이다'로 쓸 필요 없이 '무엇이 어떠하다' 문형의 '사랑은 누구에게나 꼭 필요하다'로 쓰면 됩니다.

그런데 '무엇은 무엇이다.(무엇이 어찌하다.) 이는 어떤 것이다'와 같은 문장구조가 나타날 수 있습니다. 다음 기사를 읽어볼까요.

• 프로당구 피비에이PBA가 최근 '당구 용어집'을 냈다. 국립국어원 등에서 이미 순화어를 제시한 바 있는데, 피비에이가 이번에 새 용어 정착을 위해 주도적으로 나선 것이다.

위 기사에서 두 번째 문장을 '주도적으로 나섰다'로 끝내도 되지만, 앞 문장을 그대로 주어로 받게 되면 '무엇이 어찌했다. 이는 어떤 것이다'처럼 '것'을 써서 구성할 수 있습니다. 즉 '[프로당구 피비에이PBA가 최근 '당구 용어집'을 낸 것은] 피비에이가 이번에 새 용어 정착을 위해 주도적으로 나선 것이다'와 같은 구성이 됩니다.

'무엇을 의미한다'로 써도 되는데 '무엇을 의미하는 것이다'처럼 '것이다'를 붙이는 경우도 마찬가지입니다. 이러한 표현은 주로 앞에서 한 번 말하고 그 말을 다른 말로 또다시 언급할 때에 나타납니다. '무엇은 무엇을 의미한다. 즉 무엇은 무엇을 의미하는 것이다'와 같은 문맥이 되지요. 예를 들어 '패배란 내게 죽음을 의미한다'라는 문장으로 끝날 때와 '패배란 내게 죽음을 의미한다. 즉 (패배란) 내가 존재할 이유가 없음을 의미하는 것이다'와 같은 문맥으로 진행될 때, 이 둘은 다를 수 있습니다.

'것'이 '사물, 일, 현상' 따위를 추상적으로 이르는 말이다 보니 많이 쓰입니다. 하지만 '것'이 너무 많이 쓰이면 부자연스럽습니다. 다른 표현으로 바꿀 수 있다면 '것'이 필연적으로 쓰여야 하는 경우는 아니라는 뜻입니다.

'것'이 알맞게 쓰였는지 판단할 때에는 '것'을 빼 보거나 다른 말로 바꿔 보세요. '것'을 다른 표현으로 바꾸어도 문제가 없거나 오히려 추상적이지 않고 구체적으로 바뀐 경우, '것이다'를 빼도 문맥이 통하는 경우라면 '것'은 해당 문맥에서 꼭 필요하지는 않은 말입니다.

한 걸음 더
것/거

'것'과 '거'는 뜻이 같은 말입니다. 다만 글말에서는 '것'이, 입말에서는 '거'가 주로 쓰이지요. '내일 갈 것이다'와 '내일 갈 거다'로 쓰는 식입니다.

'것/거'를 같은 말로 인식하면 형태 파악이나 띄어쓰기를 하는 데에 도움이 됩니다. 예를 들어 '이 책은 내 꺼야', '그럴거다'처럼 '거'를 '꺼'로 쓰기도 하고 앞말에 붙여 쓰기도 합니다. 그런데이때 '이 책은 내 껏이야', '그럴것이다'로는 쓰지 않음을 인지하면 '이 책은 내 것이야/이 책은 내 거야', '그럴 것이다/그럴 거다'

와 같이 바르게 쓸 수 있고, 띄어쓰기도 잘할 수 있습니다.

그리고 국어사전 내용을 보면 '것'은 '것이다'로 쓰지만 '거'는 '거다'로 쓰게 되는 이유를 알 수 있지요.

＊ 거 「의존명사」 '것'을 구어적으로 이르는 말. 서술격조사 '이다'가 붙을 때에는 '거다'가 되고, 주격조사 '이'나 보격조사 '이'가 붙을 때에는 '게'로 형태가 바뀐다.

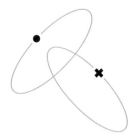

관형격조사 '의'는 문장을
구로 만든다

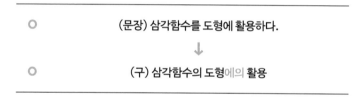

○   (문장) 삼각함수를 도형에 활용하다.

↓

○   (구) 삼각함수의 도형에의 활용

문장을 구로 바꿀 때에 관형격조사 '의'가 필요한 경우가 있습니다. 이때 구 표현의 바탕이 되는 문장구조에 따라 '의' 앞에 붙는 조사가 달라집니다. 이런 질문을 받은 적이 있습니다.

'삼각함수의 도형에의 활용'은 비문입니까? '도형에서의'로 고치는 것이 바람직할까요?

이 같은 경우에는 바탕이 되는 문장을 생각해 보고 나서 조사를 씁니다.

바탕 문장이 '삼각함수를 도형에서 활용하다'이면 '에서' 뒤에 '의'를 붙여 구를 만들고, '삼각함수를 도형에 활용하다'이면 '에' 뒤에 '의'를 붙여 구를 만듭니다. '에서'를 쓸지, '에'를 쓸지는 국어사전의 문형 정보로 확인합니다.

'활용하다'의 문형 정보를 살펴보면 '활용하다'는 '에' 성분과 호응함을 알 수 있고, 이에 따라 '의'를 '에서'가 아닌 '에' 뒤에 붙여 '삼각함수의 도형에의 활용'으로 쓰면 됩니다.

＊ 활용하다 「동사」【…을 …에】【…을 …으로】 충분히 잘 이용하다.

한편 '삼각함수의 도형에의 활용'처럼 '에의'를 쓰는 방식이 알맞은지도 많은 사람들이 궁금해합니다. 사실 '삼각함수를 도형에 활용하다', '삼각함수를 도형에 활용함'과 같이 문장으로 써야 더 자연스럽습니다. 하지만 문장이 아닌 구로 표현해야 할 때가 있습니다.

즉 '에의, 에서의, 와의'를 쓴 구조가 일반적이거나 자연스럽다고 할 수는 없지만, 부득이하게 필요한 경우도 있다는 말입니다. 그래서 '에의, 에서의, 와의'처럼 쓰이는 '의'를 국어사전에서는 아래와 같이 설명합니다.

> * 의 「조사」 (체언 뒤에 붙어) 앞 체언이 관형어 구실을 하게 하며, 앞 체언이 뒤에 연결되는 조사의 의미 특성을 가지고 뒤 체언을 꾸미는 기능을 가짐을 나타내는 격조사

그리고 그 예로 두 가지를 듭니다.

- **구속에서의 탈출**
- **저자와의 대화**

'구속에서 탈출하다', '저자와 대화하다'라는 두 문장을 구로 표현한 예시입니다. 두 문장에 쓰인 조사 '에서', '와'를 그대로 쓰고 그 뒤에 '의'를 붙여 준 형태이지요.

다른 예로, 공적 문서에서 '○○시와 업무 협약을 체결하다'라는 문장을 제목으로 하고자 할 때에는 '구'로 바뀌게 됩니다. 이때에도 '의'를 붙여 '○○시와의 업무 협약 체결'로 쓸 수 있습니다.

하지만 문장에서는 '구속에서의 탈출을 하는', '저자와의 대화를 계획했다', '○○시와의 업무 협약을 체결하다'와 같이 쓸

필요가 없습니다. 그저 '구속에서 탈출하는', '저자와 대화하는 시간을 계획했다/저자와 대화하는 시간을 마련했다', '○○시와 업무 협약을 체결하다'로 표현하면 충분합니다.

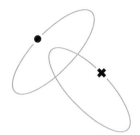

'동사형 문장'이
'명사형 문장'보다 자연스럽다

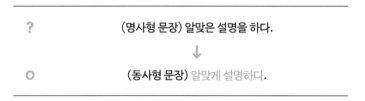

?   (명사형 문장) 알맞은 설명을 하다.

↓

○   (동사형 문장) 알맞게 설명하다.

문장은 여러 방식으로 구성할 수 있습니다. 어느 방식이 정답이라고 말하기는 어렵지만, 분명 더 나은 구성은 있습니다. 다음 중 어느 표현이 자연스러우냐는 질문을 받았습니다. 그 이유도 함께요.

- **구체적인 설명을 해** 주셔서 좋았습니다.

- 구체적으로 <u>설명해</u> 주서서 좋았습니다.

'구체적인'으로 시작하면 뒤에 명사 '설명'이 나오게 되고, '구체적으로'로 시작하면 뒤에 동사 '설명하다'가 나오게 됩니다. 앞 문장은 '명사형 문장', 뒤 문장은 '동사형 문장'입니다. 명사형 문장은 관형어가 명사를 수식하는 구조가, 동사형 문장은 부사어가 동사를 수식하는 구조가 포함되어 있지요.

어느 것으로든 쓸 수 있으므로 맞고 틀리는 문제는 아니지만, 동사형 문장으로 구성하면 읽을 때에 답답함이 덜하고 물 흐르듯 읽힙니다. 문장을 풀어서 쓰라는 말을 듣곤 하는데, 이를 '명사형 문장/동사형 문장' 차원에서 본다면 동사형 문장으로 쓰라는 뜻이라고 할 수 있습니다.

다음 예에서 두 번째 문장이 모두 동사형 문장입니다.

- **알맞은 설명을 하다.**
- 알맞게 설명하다.

- **당사자들과의 협의를 거쳤다.**
- 당사자들과 협의했다.

- **철저한 준비로 임무를 수행하겠습니다.**
- 철저히 준비하여 임무를 수행하겠습니다.

　대개 입말에서는 명사형 문장이 아닌 동사형 문장으로 말하는데, 글을 쓸 때에는 유독 명사형 문장으로 바꾸어 쓰는 경향이 있습니다. 입말과 글말이 꼭 달라야 할 필요는 없습니다. 구성 면에서는 글말보다 입말이 더 자연스러울 수 있어요.

한 걸음 더
'많은 지원을 부탁드립니다'보다
'많이 지원해 주시기 바랍니다'

　'많은 지원을~', '많은 관심을~'과 같이 명사형 문장을 많이 씁니다. 그러다 보니 '많은 지원을 부탁드립니다', '많은 관심을 부탁드립니다'와 같은 어색한 표현이 나오기도 합니다. 이는 명사형 문장과 '부탁하다'를 지나치게 많이 쓰는 문제와 맞물려 있다고 봅니다.

　'지원하다'와 '관심을 가지다'가 초점이 되는 만큼 '많이 지원해 주시기 바랍니다', '관심(을) 많이 가져 주시기 바랍니다'와 같은 동사형 문장으로 풀어서 쓸 수 있습니다.

거리의 현수막에서도 명사형 문장을 많이 봅니다. '잔디 생육환경 개선을 위한 적극적인 협조 부탁드립니다'와 같은 명사형 문장 말고, '잔디 생육환경 개선을 위해 적극적으로 협조해 주시기 바랍니다'와 같은 동사형 문장으로 표현하면 어떨까요?

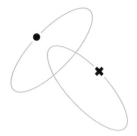

군더더기 표현을 유발하는
'관형어+명사'

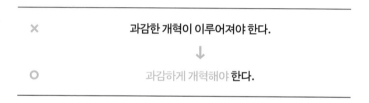

> ✕　　　　　　　　**과감한 개혁이 이루어져야 한다.**
>
> ↓
>
> ○　　　　　　　과감하게 개혁해야 **한다.**

누구나 쓸데없이 덧붙은 표현 없이 간단하면서도 짜임새 있는 문장을 쓰고 싶어 합니다. 그 방법을 또 하나 알아보겠습니다.

- **과감한 개혁이 이루어져야 한다.**
  　　관형어　　명사

'과감하게 개혁해야 한다'로 하면 간결한데 위 예문처럼

'과감한'으로 시작하면 '과감한 개혁'이 되어 그 뒤에 '이루어지다'를 덧붙여 쓰게 됩니다. '이루어지다'를 쓰지 않고도 표현할수 있는데 말이지요. 이처럼 '관형어+명사' 단위가 끼면 필요하지 않은 말이 유발되곤 합니다.

'관형어+명사' 단위가 있을 때에는 특히 동사 '이루어지다'가 군말로 자주 따라붙습니다. 여기에서 '이루어지다'는 "어떤 대상에 의하여 일정한 상태나 결과가 생기거나 만들어지다"라는 뜻입니다

- **원만한 합의가 이루어졌다.**
- **인간은 환경에 의하여 성격 형성이 이루어진다.**
- **과감한 개혁이 이루어져야 한다.**
- **철저한 조사가 이루어져야 한다.**

이러한 표현을 많이 보았을 텐데, 위와 같이 쓰기보다는 동작성 명사(합의, 형성, 개혁, 조사)를 바탕으로 하여 만들어진 동사를 서술어로 사용해 다음처럼 쓰면 됩니다.

- 원만하게 합의했다.
- 인간은 환경에 따라 성격이 형성된다.

- 과감하게 <u>개혁해야</u> 한다.
- 철저하게 <u>조사해야</u> 한다.

아래 질문도 군더더기 표현과 관련이 있습니다.

'정부의 시장 간섭은 최소화로 이루어져야 한다.' 이 문장에서 어법상 틀린 부분이 있나요?

어법상 틀렸다고 할 수는 없지만, 간결하게 '정부의 시장 간섭은 최소화해야 한다'로 하면 충분합니다.

한편 '이루어지다'에는 "뜻한 대로 되다"라는 뜻도 있습니다. 이는 '이루어질 수 없는 사랑', '소원이 이루어졌다'와 같이 쓰이며 이때에는 군더더기 표현이 될 여지가 없지요.

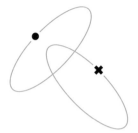

'부사어'가 '동사'를 수식하는 문장이 자연스럽다

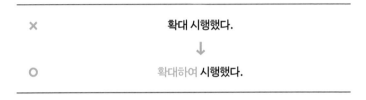

✕   **확대 시행했다.**

↓

○   확대하여 **시행했다.**

구조상 적절하지 않은 표현이라도 흔히 쓰이게 되면 '어, 이게 맞나?' 하고 문법적 직관이 흔들리기도 합니다. 다음 질문을 읽어 볼까요. 질문을 한 사람은 그 이유는 정확히 알 수 없지만, '확대 시행하였다'라는 표현이 어딘가 어색하다고 느낀 듯합니다. 자주 쓰는 표현이더라도 문법적 직관이 흔들릴 때에는 꼭 확인해 보세요. 자신의 문장 표현 실력을 끌어올릴 좋은 계기이니까요.

시험지에 들어갈 선지選支를 구성하는 데에 어려움을 겪고 있어
문의합니다. '토지조사를 실시하고 일조편법을 확대 시행하였다'
라는 문장을 두고 고민 중입니다. '확대 시행하였다'라는 표현을
쓰나요? '전국적으로 확대했다'라는 말은 들어 봤습니다. '확대 시
행'은 개조식個條式 표현으로 알고 있는데 일반 문장으로 '확대 시
행하였다'라는 표현을 쓸 수 있나요? 어색한 문장은 아닌가요?

예로 든 '전국적으로 확대했다'는 부사어 '전국적으로'가 동
사 '확대하다'를 수식하기 때문에 우리말의 수식 구조에 맞고,
그에 따라 직관적으로도 어색하지 않습니다. 그런데 '확대 시행
하였다'는 명사 '확대'가 동사 '시행하다'를 수식하는 구조입니
다. 이는 우리말의 전형적인 수식 구조가 아니므로 어색하게 느
낄 수 있습니다.

우리말은 기본적으로 부사어가 동사를 수식하고, 관형어
가 명사를 수식하는 구조로 쓰입니다. 즉 '확대하여 시행하다'나
'확대 시행'과 같이 쓰이는 방식이 기본이에요. 부사어니 관형어
니 하는 문법 설명을 굳이 하지 않더라도, '확대하여 시행하다'
나 '확대 시행'은 어색하지 않고, '확대 시행하였다'는 어색하다

고 느낀다면 문법적 직관이 발동한 것입니다.

앞에서도 이야기했지만, 명사형 문장이 많이 쓰이다 보니 '확대 시행'을 하나의 단위로 하여 '확대 시행을 하였다'와 같이 쓰려고 할 수도 있겠는데, 이보다는 '확대하여 시행하였다'가 더 자연스럽습니다.

한 걸음 더
문법적 직관

자신의 문법적 직관을 무심히 넘기지 않는다면 문장을 이모저모로 고쳐 보면서 문법에 맞게 쓸 수 있습니다.

예를 들어 '나는 냉면을 먹을 테니 너는 냉면을 먹어라'라는 말을 듣는다면 곧바로 좀 이상하다고 느낄 텐데, 이는 바로 문법적 직관 덕분입니다. 문법적 직관으로 이상함을 감지했다면 그다음에는 문법에 맞는 문장으로 조정해 봅니다.

'나는 냉면을 먹을 테니 너는 설렁탕을 먹어라'나 '나는 냉면을 먹을게. 너는 콩국수를 먹어라'처럼 고칠 수 있겠지요. '대조'의 뜻을 나타내는 조사 '는'이 쓰였음을 깨닫게 되기 때문입니다.

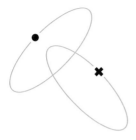

'-하다' 또는 '-되다'는
주어가 결정한다

○   사람(이 전제된) 주어+능동의 '-하다'

○   사물 주어+피동의 '-되다'

'-되다' 말고 '-하다'로 쓰라는 말을 많이 들었다면서 꼭 그래야 하느냐고 묻기도 합니다. 이에 답하자면 능동의 '-하다'를 쓸지, 피동의 '-되다'를 쓸지는 글을 쓰는 사람이 주어를 무엇으로 하는지에 달려 있습니다.

- 선택하신 ○○○ 약정을 확정하셨습니다.
- 선택하신 ○○○ 약정을 해지하셨습니다.

- 선택하신 ○○○ 약정이 <u>확정됐습니다.</u>
- 선택하신 ○○○ 약정이 <u>해지됐습니다.</u>

위에서 첫 번째, 두 번째 문장은 사람이 주어이고 세 번째, 네 번째 문장은 사물이 주어입니다. 표현 의도에 따라 주어가 사람이 될 수도, 사물이 될 수도 있는데 그때그때 '–하다'나 '–되다'를 쓰면 됩니다.

좀 더 풀어서 살펴볼까요.

- **누가 어떤 약정을 선택했고, <u>누가 그 약정을 확정했다</u>.**
- **누가 어떤 약정을 선택했는데, <u>누가 그 약정을 해지했다</u>.**
- 누가 어떤 약정을 선택했고, <u>그 약정이 확정됐다</u>.
- 누가 어떤 약정을 선택했는데, <u>그 약정이 해지됐다</u>.

다른 예로 '생산하다/생산되다'를 들어 보겠습니다. '누가'에 초점이 있다면 '(누가 무엇을) 생산하다'로, '무엇'에 초점이 있으면 '(무엇이) 생산되다'로 씁니다.

많이 쓰이는 '추진하다/추진되다'도 마찬가지입니다. 다만 '추진'은 어떤 일을 해 나가는 주체의 능동성을 나타내려는 상황에서 쓰이므로, '누가(어느 기관에서) 어떤 일을 추진하다'와 같이

'누가'를 주어로 하여 '추진하다'를 쓰게 되는 경우가 많습니다.

사람이 전제된 주어가 쓰일 때에도 '–하다'를 씁니다. 아래 예들에 있는 '사업단에서', '학교 출판사에서'는 사물 주어가 아니라 사람이 전제된 주어입니다.

- **사업단에서 내년에 복지 사업을 추진한다.**
- 복지 사업이 (사업단에 의해서) 내년에 추진된다.

- **학교 출판사에서 교양서적을 출간했다.**
- 교양서적이 (학교 출판사에 의해) 출간됐다.

'–되다'가 아닌 '–하다'로 써야 한다고 생각하기보다는 무엇을 주어로 해야 표현하고자 하는 바가 잘 나타나는지 생각해서 '–하다'나 '–되다'를 고르면 됩니다.

'하도록 하겠습니다'가
아니라 '하겠습니다'

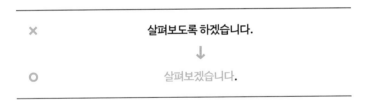

✕ **살펴보도록 하겠습니다.**

↓

○ 살펴보겠습니다.

'제가 그렇게 하도록 하겠습니다'라는 말을 참 많이 하기도 하고 들어 보기도 하지 않았나요? 그런데 굳이 이렇게 표현해야 할까 생각한 적은 없나요?

- 결과를 곧 발표하도록 하겠습니다.
- 행사를 시작해 보도록 하겠습니다.

- 이 문제를 살펴보도록 하겠습니다.
- 국민의 눈높이와 현장의 목소리를 존중하며 겸허하게 ○○ 정책을
  추진해 나가도록 하겠습니다.

위 예시처럼 '–도록 하겠습니다'라는 표현을 글말에서도 입말에서도 습관적으로 씁니다. 그런데 '–도록 하다'는 군더더기 표현일 가능성이 높습니다. 표현에 여유를 두려는 뜻으로 이해되지만 문법에는 맞지 않지요. 그냥 '–도록'을 빼고 이렇게 쓰면 됩니다.

- 결과를 곧 발표하겠습니다.
- 행사를 시작하겠습니다.
- 이 문제를 살펴보겠습니다.
- 국민의 눈높이와 현장의 목소리를 존중하며 겸허하게 ○○ 정책을
  추진해 나가겠습니다.

공사 중임을 알리는 현수막에서도 이 표현이 눈에 띕니다.

- 빠른 시일 내에 공사를 안전하게 마치도록 하겠습니다.

여기서도 '마치도록 하겠습니다'를 '마치겠습니다'로 표현
하면 됩니다.

'-도록 하다'를 빼도 말하려는 바가 다 나타난다면 이 표현
은 군더더기라고 보면 됩니다. 그런데 '-도록 하다'가 쓰여야 하
는 경우도 있으므로 주의해야 합니다.

예를 들어 '제가 학생들을 이곳으로 빨리 오도록 하겠습니
다'는 '제가 학생들을 이곳으로 빨리 오겠습니다'로 바꿀 수 없
습니다. '제가 학생들을 이곳으로 빨리 오도록 (연락/조치)하겠습
니다'라는 뜻을 나타내는 문장이기 때문입니다.

한 걸음 더
-도록

연결어미 '-도록'의 뜻과 용례를 살펴보고 '-도록'을 바르게 써
보세요.

＊ **-도록 「어미」 앞의 내용이 뒤에서 가리키는 사태의 목적이나 결**
과, 방식, 정도 따위가 됨을 나타내는 연결어미. 뒤에 '은', '도',
'까지' 따위의 보조사가 올 수 있다.

- 나무가 잘 자라도록 거름을 주었다.

- 아이들이 길을 안전하게 건널 수 있도록 보살펴야 한다.

- 길동이는 눈만 뜨면 신이 다 닳도록 돌아다녀요.

- 학생들은 밤이 새도록까지 토론을 계속했다.

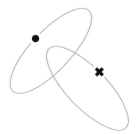

'가능하다' 때문에 문법에 맞는 표현이 불가능해질 때

? 입장 가능합니다.

↓

○ 입장할 수 있습니다.

'가능하다'라는 표현이 참 많이 쓰이는데, 문장구조와 자연스러운 표현을 생각한다면 '가능하다'를 적절하게 사용했는지 점검해 보아야 합니다.

아래와 같은 문장을 자주 보게 되는데 어떤가요?

• 오후 7시까지 입장 <u>가능합니다</u>.

이 문장을 조금 더 뜯어보겠습니다.

- (당신은) 오후 7시까지 입장(이) 가능합니다.
  주어   주어   서술어

이렇게 숨겨진 문장성분까지 드러내면 주어-주어-서술어
가 됩니다. 이는 아래와 같이 쓰는 것보다 복잡한 구조입니다.

- (당신은) 오후 7시까지 입장할 수 있습니다.
  주어   서술어

제품 설명서나 건강기능식품 포장 박스 등에서도 아래의
표현들을 흔히 볼 수 있습니다. 이 문장들에도 '가능하다'가 문
장 짜임에 안 맞게 쓰였습니다.

- 핸드폰 버튼 하나로 자동문을 잠금, 해지 가능합니다.
- 건강기능식품 이력추적관리번호는 제품의 밑면에서 확인 가능합
  니다.
- 구매 영수증은 세금계산서 등 세무상 증빙서류로 활용할 수 없으
  며, 거래 내역 및 거래 금액을 확인하는 용도로만 사용 가능합니다.

첫 번째 문장에서 '자동문을 잠금, 해지 가능합니다'를 풀

어 보면 '자동문을 잠금이 가능합니다', '자동문을 해지가 가능합니다'가 됩니다. '자동문을'이라는 목적어와 호응하는 서술어가 없는 문장임을 알 수 있습니다.

두 번째 문장도 '가능하다'를 써서 '건강기능식품 이력추적관리번호를('를' 대신 '는'이 쓰임)'이라는 목적어와 호응하는 서술어가 없는 문장이 되었습니다.

이러한 문장들은 아래와 같이 바꾸면 짜임새 있는 문장이 됩니다.

- 핸드폰 버튼 하나로 <u>자동문 잠금, 해지를 할 수 있습니다</u>.
- 핸드폰 버튼 하나로 <u>자동문을 잠그고 해지할 수 있습니다</u>.
- 핸드폰 버튼 하나로 <u>자동문을 잠금, 해지할 수 있습니다</u>.

- 건강기능식품 이력추적관리번호는 제품의 밑면에서 <u>확인하실 수 있습니다</u>.
- 건강기능식품 이력추적관리번호는 제품의 밑면에서 <u>확인할 수 있습니다</u>.

세 번째 문장도 '확인하는 용도로만 사용(이) 가능합니다'보다는 '확인하는 용도로만 사용할 수 있습니다'가 낫습니다.

'가능하다'가 유행처럼 쓰입니다. '할 수 있다'로 쓰면 표현이 자연스럽고 문장구조와 관련한 오류도 줄일 수 있는데 말이지요. 특히 공적인 글에서 '가능하다'를 지나칠 정도로 많이 씁니다. 높임 표현이 어렵고 어색해서 그럴 수 있습니다. 사실 앞에서 든 두 번째 예문은 아래 문장 다음에 이어집니다.

- **웹사이트 접속 후 이력추적관리번호를 입력하시면 건강기능식품의 정보를 확인하실 수 있습니다.**

위 문장에서는 '확인하실 수 있습니다'라고 했고, 그 아래 문장에서는 '확인 가능합니다'라고 했습니다. 이처럼 공적인 글에서 '-시-'를 넣을까 말까를 고민할 때가 있는데, 이런 경우에 높임 표현에서 상대적으로 자유로운 '가능하다'를 써 볼까 하는 마음이 들기도 합니다. 예를 들어 '사용할 수 있습니다'와 '사용하실 수 있습니다' 중에서 무엇을 쓸까 생각하다가 아예 '사용 가능합니다'처럼 쓴다는 말입니다. 그래서인지 안내문 등에서 '-시-'를 쓴 높임 표현보다 '가능하다'를 선택하는 경우가 갈수록 많아지는 듯합니다.

하지만 사회 구성원들 간 의사소통에서 기본적으로 '-시-'를 붙여 부담 없이 표현할 수 있습니다. '가능하다'보다는 '할 수 있다'를 쓰고, 적절히 '-시-'를 넣어 표현하는 것이지요.

덧붙여, 아래 사례도 살펴볼까요.

안녕하세요? 저는 직장 생활 중인 막내 사원입니다. 다양한 직책과 부서 사람들이 모인 단체 카톡 방에서 제가 공손하게 부탁하고자 '상황이 이러한데 내일까지 이렇게 저렇게 점검 가능하실까요?'라고 메시지를 남겼습니다. 그랬더니 한 분이 '가능하실까요?'가 적절한 표현이냐고 제게 물으시더라고요. 여러 사람들이 쓰고 있으며 저도 맞다고 생각하지만, 제 직장 상사분의 의문에 정확한 답변을 해 드리고자 이렇게 문의합니다.

그 상사는 왜 '점검 가능하실까요?'에 의구심이 들었을까요? 상사가 어떤 점을 문제 삼았는지 정확히 알 수 없지만, 만약 '상황이 이러한데 내일까지 이렇게 저렇게 점검하실 수 있을까요/점검하실 수 있는지요?'라고 물었어도 문제 삼았을까요?

'가능하다'라는 표현을 많이 보아서 익숙하고 어떤 점에서는 마음 편하다고 생각할 수 있지만, 언제나 좋은 표현이 될 수만은 없다는 점을 알아 둬야 합니다.

그렇다면 이제 '가능하다'의 의미와 그에 따른 적절한 문맥을 생각해 볼까요. '가능하다'는 아래와 같은 문맥에서 쓰여 그 뜻이 "할 수 있거나 될 수 있다"라고 풀이됩니다. 이에 따라 긍정적인 문맥에 어울릴 가능성이 높습니다.

- 통화 가능 지역
- 모든 일에 가능한 한 최대의 노력을 기울여야 한다.
- 컴퓨터 통신의 발달로 전 세계 사람들과 정보 교환이 가능하게 되었다.

그러니 다음과 같은 문맥에서 '가능'을 쓰는 것은 어울리지 않습니다.

- (지금은 코로나19 바이러스에 감염된 사람이 천 명이지만) 다음 주 확진자 2천 명 가능

코로나19에 감염된 사람이 2천 명이나 되는 것은 긍정적인 일이 아닙니다. 그런데 마치 좋은 일을 기대나 하듯 '가능'으로 표현한다면 단어가 쓰이는 알맞은 맥락을 고려하지 않은 것입니다.

'건강 회복 가능'이나 '합격 가능'은 자연스럽지만, '건강 악화 가능(?)'이나 '탈락 가능(?)'은 어색합니다. 이것으로도 '가능'

이 쓰이는 문맥을 짐작할 수 있습니다.

한 걸음 더
'가능'의 적절한 활용

'가능하다'를 잘못 쓰고 지나치게 많이 쓰는 문제가 있지만, 문장이 아닌 구에서는 명사 '가능'을 활용하면 간단하게 표현하는 데에 도움이 됩니다. 예를 들어 '도구 사용 가능', '출입 가능'과 같이 간단히 표현해야 할 때가 있습니다. 구 표현은 때로는 문장 표현보다 전달력이 높습니다. 이 때문에 간단한 문구로 뜻을 전달하려는 맥락에서는 '도구를 사용할 수 있음', '출입할 수 있음'보다 위와 같은 구 표현을 쓰게 됩니다.

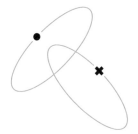

'명사'도, '명사+의'도
모두 관형어가 된다

△   채용의 건

↓

○   채용 **건**

대부분의 사람들이 글을 쓸 때에 생각보다 '의'를 많이 씁니다. 특히 회사에서 업무와 관련한 문서를 작성할 때면 '의'를 더욱 많이 쓰게 됩니다. 그런데 '의'가 많이 쓰이면 문장이 매끄럽지 못하고 그 문장을 읽는 데에도 방해가 됩니다. 관형격조사 '의'를 쓰는 문제를 한 번쯤은 고민해 볼 필요가 있습니다.

결재 문서를 작성하려고 합니다. '채용 건'과 '채용의 건', 제목으로 보통 어떤 표현을 사용하나요?

'채용'이 '건'을 수식하는 구조로도, '의'가 붙은 '채용의'가 '건'을 수식하는 구조로도 쓸 수 있습니다. 명사 '채용'이나 관형격조사 '의'가 붙은 '채용의'는 둘 다 뒤에 있는 명사 '건'을 수식하는 관형어가 되기 때문이지요.

'의'를 쓰든 안 쓰든 모두 관형어가 되지만, '의'가 꼭 필요하지 않은 경우(쓰지 않아도 문맥상 문제가 없는 경우)에는 빼는 편이 낫습니다. 따라서 '채용 건'으로 쓰면 더 좋겠지요. 국립국어원 우리말샘 사전에 실려 있는 '건'의 용례도 참고해 보세요.

- 이번 목장의 차압 건은 모두 저의 아빠가 벌써 전부터 준비했던 거예요. _정현웅, 《사랑은 사슴처럼》
- 서로가 다 할 얘기가 있었을 터인데, 연추로 보낸 길상의 편지 건에 대해서 한마디쯤 말이 있을 법한데 건드리지 않는다. _박경리, 《토지》
- 국회 저축은행 국정조사 특별위원회는 여야 간 논란이 되었던 증인 채택 건은 제외한 채 국정조사 실시 계획서를 가결했다. 《시사서울》 2011년 7월

'의'의 생략 조건

관형격조사 '의'가 없어도 문맥이 잘 읽힌다면 '의'를 빼도 됩니다. 예를 들어 '문서 작성의 기준', '관형어의 유형'으로 쓰지 않고 '문서 작성 기준', '관형어 유형'으로 써도 이해되므로 '의'를 뺄 수 있습니다.

아래에서 관형어 유형을 확인해 보면, '문서 작성의, 관형어의'는 체언〔명사(구)〕에 관형격조사 '의'가 붙은 말이 관형어가 된 경우이고, '문서 작성, 관형어'는 체언〔명사(구)〕이 관형어가 된 경우입니다. 체언〔명사(구)〕만으로도 관형어가 될 수 있으므로 관형격조사 '의'를 꼭 쓸 필요는 없다는 점, 알아 두세요.

＊ **관형어** 체언 앞에서 체언의 뜻을 꾸며 주는 구실을 하는 문장성분. 관형사, 체언, 체언에 관형격조사 '의'가 붙은 말, 동사와 형용사의 관형사형, 동사와 형용사의 명사형에 관형격조사 '의'가 붙은 말 따위가 있다.

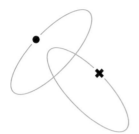

서술격조사 '이다'는
'이–'가 생략될 때도 있다

○   **내 친구**이다.

○   **내 친구**다.

서술격조사 '이다'의 경우에는 원래 형태대로도 많이 쓰지만, '이–'가 생략된 '다'만도 자주 눈에 띕니다. '이–'를 생략해도 되는지, 어느 경우에 '이–'를 생략할 수 있는지 궁금해하는 사람들이 많습니다. 아래 예시를 한번 볼까요.

- **내가 제일 좋아하는 과일은 딸기이다.**
- 내가 제일 좋아하는 과일은 딸기다.

184   2장 간결하고 짜임새 있는 문장구조로

이와 같이 '딸기이다'나 '딸기다'를 다 쓸 수 있습니다. 서술격조사의 원래 형태는 '이다'이지만, 앞말이 모음으로 끝날 때에는 '이–'가 나타나지 않기도 하지요. 입말에서는 '이–' 생략 현상이 더 많이 나타납니다. 한편 받침 있는 말 뒤에서는 '이–'가 생략되지 않습니다.

- 영수는 내 친구(이)다.
- 영수는 내 친구(이)야.
- 2 더하기 2는 4(이)다.

- 이건 내 책이다.
- 이건 내 책이야.
- 2 더하기 5는 7이다.

한 걸음 더
'이–'의 생략 조건

가끔 '이–'가 나타나지 않은 형태가 원래 형태라고 생각하여 잘못 해석하는 경우도 있는데, 기본형은 '이다'이고 앞말이 모음으로 끝날 때에 수의적으로 '이-'가 생략된다고 보면 됩니다.

국어사전에서 '이다'의 이러한 현상을 아래와 같이 설명해 놓았습니다.

모음 뒤에서는 '다'로 줄어들기도 하는데 관형형이나 명사형으로 쓰일 때는 대체로 줄어들지 않는다.

알기 쉽도록 예를 들면, '친구이다'는 '친구다'로도 나타나지만 '친구인(관형형)', '친구임(명사형)'은 '이-'가 줄어든 '친군', '친굼'으로는 쓰지 않습니다.

**'~ 중에 있다'보다
'-고 있다'**

? 일이 진행 중에 있다.

↓

○ 일이 **진행**되고 있다.

○ 일을 **진행**하고 있다.

어떤 표현을 보면서 직관적으로 무언가 어색하다고 느껴 질문하는 경우가 많습니다. 다음과 같은 질문도 그중 하나입니다.

'진행 중에 있습니다', '개발 중에 있습니다'와 같이 '-하는 중에 있습니다'라는 말이 한국어 어법에 맞나요?

앞 질문 속의 '있다'가 국어사전에 실려 있기는 합니다.

＊있다 「형용사」【…에】 어떤 처지나 상황, 수준, 단계에 놓이거나
처한 상태이다.

이처럼 국어사전에 실려 있는 '있다'를 써서 '~ 중에 있다'
로 표현할 수는 있지만, 문장구조에 맞도록 더 자연스럽게 바꿀
수 있습니다. 이때 진행을 나타내는 '–고 있다'를 활용할 수 있
습니다.

- 그 일은 현재 진행 중에 있다.
- 상품을 개발 중에 있습니다.

- 그 일은 현재 진행되고 있다.
- 그 일을 현재 진행하고 있다.
- 상품을 개발하고 있습니다.

2장 간결하고 짜임새 있는 문장구조로

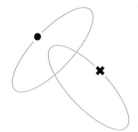

'○○를 하다'보다 '○○하다'

△	아침에 공부를 했다.
✕	아침에 공부 했다.
	↓
○	아침에 공부했다.

어떻게 표현할지는 그 표현을 쓰는 사람에게 달렸지만, 문장구조를 생각한다면 더 나은 구조를 선택할 수 있습니다.

'돌입하다'를 '돌입을 하다'라고 쓰면 안 되나요?

이와 같이 질문한 사람의 생각대로 '돌입하다'뿐 아니라 '돌입을 하다'도 쓸 수 있습니다. '공부하다'나 '공부를 하다'도 다 쓰입니다. 둘의 차이는 '돌입하다, 공부하다'에는 접미사 '-하다'가 쓰였고, '돌입을 하다, 공부를 하다'에는 동사 '하다'가 쓰였다는 점입니다.

그런데 '돌입하다, 공부하다'가 서술어가 되는 구조가, '하다'가 서술어가 되는 구조보다 간결합니다. 즉 '무엇에 돌입하다, 무엇을 공부하다'가 '무엇에 돌입을 하다, 무엇을 공부를 하다'보다 깔끔하지요.

- 김 씨는, 아들이 소설가가 되겠다는 망상에서 벗어나 공무원 시험 준비에 돌입하기를 내심 바랐다. _김종광,《경찰서여, 안녕》
- 사반은 그 뒤, 삼 년 동안 그 굴속에서 칼과 창과 활쏘기를 공부하였다. _김동리,《사반의 십자가》

예를 좀 더 보겠습니다.

- 온 신경을 그에게 집중을 하며 이야기를 들었다.
- 온 신경을 그에게 집중하며 이야기를 들었다.

- **이와 같은 폐단은 반드시 근절이 되어야 한다.**
- 이와 같은 폐단은 반드시 근절되어야 한다.

한 걸음 더

공부하다, 공부를 하다, 색칠 공부를 하다

가끔 '작성 하다, 공부 하다'처럼 쓸 수도 있는지 묻습니다. '작성 (을) 하다, 공부(를) 하다'처럼 '을/를'이 생략됐다고 볼 수 있지 않느냐는 말이지요.

문법 해석에는 견해차가 있지만, 이렇게 복잡하게 볼 것 없이 조사가 없으면 접미사 '-하다'를 붙여 '작성하다, 공부하다'로 쓰면 됩니다. 하지만 '하다'의 목적어가 되는 명사를 강조하고자 한다면 '아침에 공부했다'보다 '아침에 공부를 했다'가 낫습니다. 다만 이때에는 조사를 생략하지 않습니다.

'생각을 하다', '공부를 하다' 구조가 포함돼야 하는 경우도 있습니다. '나는 항상 네 생각을 한다', '크레파스로 색칠 공부를 한다'와 같은 경우에는 '네', '색칠'이 뒤에 놓인 명사 '생각', '공부'를 수식하는 구조입니다. 이때에는 '네 생각한다', '색칠 공부한다'가 아니라 '네 생각을 한다', '색칠 공부를 한다'로 써야겠지요.

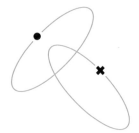

한 단어냐 아니냐에 따라
문장구조가 달라진다

✕	**식재료를 냉장보관하다.**
	↓
○	**식재료를** 냉장으로 보관하다.
○	**식재료를** 냉장하여 보관하다.
○	**식재료를** 냉장 보관(을) 하다.

문장을 쓸 때에 단어들을 띄는 쪽보다 붙이는 쪽을 선호합니다. 하지만 무턱대고 붙일 수는 없습니다. 서술어가 한 단어냐 아니냐에 따라 문장구조가 달라지기 때문입니다. 아래처럼 붙여 쓴 단어들이 과연 한 단어일까요?

- 재택치료하다
- 경구투여하다
- 상호작용하다
- 냉장보관하다
- 표본추출하다
- 자율추진하다
- 공개모집하다
- 정상운영하다
- 이의신청하다
- 이완요법하기

위와 같이 쓰는 경우를 많이 보는데 이들은 한 단어가 아니므로 붙여 쓰지 않습니다. 다음과 같이 '부사어+서술어' 또는 '목적어+서술어'로 구성해야 합니다.

- 재택으로 치료하다.
- 재택 치료(를) 하다.

- 경구로 투여하다.
- 경구 투여(를) 하다.

- 경구투여(를) 하다.

- 상호 작용하다.
- 상호 작용(을) 하다.
- 상호작용(을) 하다.

- 냉장으로 보관하다.
- 냉장하여 보관하다.
- 냉장 보관(을) 하다.

- 표본을 추출하다.
- 표본 추출(을) 하다.
- 표본추출(을) 하다.

- 자율적으로 추진하다.
- 자율 추진(을) 하다.

- 공개적으로 모집하다.
- 공개 모집(을) 하다.

- 정상적으로 운영하다.
- 정상 운영(을) 하다.

- 이의를 신청하다.
- 이의 신청(을) 하다.
- 이의신청(을) 하다.

- 이완 요법(을) 하기.

한 걸음 더 1
국어사전 속 '^' 기호의 뜻

국립국어원 누리집 국어사전에서 '^' 기호가 쓰인 표제어를 볼 수 있습니다. 이 기호는 원칙에 따라 각 단어를 띄어 적을 수도 있고, 허용에 따라 붙여 적을 수도 있는 전문어나 고유명사임을 나타내지요.

앞에서 다룬 표현 중 '경구^투여, 상호^작용, 표본^추출, 이의^신청'은 전문어로, 각 단어를 띄는 것이 원칙이지만 '경구투여, 상호작용, 표본추출, 이의신청'으로 붙여 쓸 수도 있습니다. 그런

데 띄어 적을 수도, 붙여 적을 수도 있다고 해도 하나의 글에서
는 띄든지 붙이든지 하나로 정하여 써야 일관성이 있습니다.
띄어쓰기가 일관되면 문서의 완성도가 올라갑니다.

한 걸음 더 2
한 단어+-하다

한 단어이면 붙여 적습니다. 예를 들어 '띄어쓰기'와 '의사소통'
은 한 단어이고, 이 뒤에 접미사 '-하다'가 붙어 만들어진 '띄어
쓰기하다'와 '의사소통하다'도 한 단어이므로 '띄어쓰기합니다',
'의사소통했다'와 같이 모든 음절을 붙여 적습니다.
'자기소개'도 "처음 만난 사람에게 자기의 이름, 경력, 직업 따위
를 말하여 알림"이라는 뜻을 나타내는 한 단어입니다. 그 의미
상 동사를 만드는 접미사 '-하다'가 붙을 만한 단어여서 '자기소
개하다'와 같이 전부 붙여 쓸 수 있습니다.

2장 간결하고 짜임새 있는 문장구조로

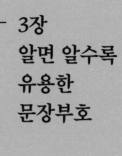

3장
알면 알수록
유용한
문장부호

마침표, 물음표와 같은 문장부호 알지요? 문장부호는 문장구조를 드러내거나 글쓴이의 의도를 쉽게 전달하기 위해 씁니다. 한글 맞춤법 부록에 이럴 때에는 이런 부호를 쓰라고 스물한 개나 되는 문장부호 쓰임이 아주 자세히, 재미있게 실려 있습니다. (국립국어원 누리집 '어문 규범'에 가면 쉽게 찾아서 볼 수 있습니다.) 한번 읽어 보세요.

문장부호로
중의적 해석을 막는다

?   돈으로 무너진 출산율을 되돌리기에는 한계가 있다.

↓

○   돈으로, 무너진 출산율을 되돌리기에는 한계가 있다.

꾸미는 말과 꾸밈을 받는 말의 관계를 세심히 챙기지 않으면 두 가지로 해석되는 일이 일어나기도 합니다. 아래 질문을 한번 볼까요.

'삼성전자는 해외 진출을 계획하고 있는 10개의 국내 업체와 12개의 베트남 현지 업체 등 총 22개 협력사에 컨설팅 비용을 지원했

199

습니다.' 이 문장에서 해외 진출을 계획하고 있는 업체의 수가 저는 22개라고 생각하는데 10개라는 친구들도 있습니다. 저는 '해외 진출을 계획하고 있는'이 '10개의 국내 업체와 12개의 베트남 현지 업체'를 수식한다고 봤거든요. 이렇게 중의적인 해석이 가능한 글은 어떻게 이해하는 것이 가장 안전할까요?

이와 같이 수식하는 말과 수식을 받는 말 사이에서 구조적 중의성이 나타날 수 있습니다. 중의성을 없애는 방법은 여러 가지이지만, 문장구조를 크게 바꾸지 않고 중의성을 없애는 방법으로 '문장부호 쓰기'가 있습니다.

- 해외 진출을 계획하고 있는 10개의 국내 업체와, 12개의 베트남 현지 업체

- '해외 진출을 계획하고 있는 10개의 국내 업체'와 '12개의 베트남 현지 업체'

- 해외 진출을 계획하고 있는 '10개의 국내 업체와 12개의 베트남 현지 업체'

위처럼 문장부호를 쓰면 아주 간단하게 중의성을 없앨 수 있습니다.

쉼표를 써서 중의성을 피하는 예를 몇 가지 더 들어 보겠습니다.

- **갑돌이는 울면서 떠나는 갑순이를 배웅했다.**
- 갑돌이는, 울면서 떠나는 갑순이를 배웅했다.
- 갑돌이는 울면서, 떠나는 갑순이를 배웅했다.

- **돈으로 무너진 출산율을 되돌리기에는 한계가 있다는 의견이 많다.**
- 돈으로, 무너진 출산율을 되돌리기에는 한계가 있다는 의견이 많다.

첫 번째 문장처럼 쉼표가 없다면 우는 사람이 갑돌이로도, 갑순이로도 해석됩니다. 하지만 두 번째 문장과 세 번째 문장처럼 쉼표를 하면 우는 사람이 갑순이인지 갑돌이인지 분명해집니다.

네 번째 문장도 두 가지로 해석됩니다. 무너진 출산율을 되돌리는 데에 돈을 들이는 것만으로는 역부족이라는 의미로도 이해되지만, '돈으로 무너진 출산율'로 해석하여 출산율이 육아 비용이나 교육비 등으로 인해 무너졌다고도 받아들여집니다. 이럴 때 다섯 번째 문장처럼 쉼표를 하면 앞엣것으로 해석되어 중의성을 막을 수 있습니다. 만약 뒤엣것을 뜻하는 경우라면

'돈 때문에 무너진 출산율'과 같이 표현을 바꿀 수도 있습니다.

　쉼표를 쓰지 않으면 의도와는 다른 표현이 될 수 있으므로 이런 문제가 생기지 않도록 쉼표를 활용하면 됩니다. 그런데 문장부호 쓰임을 잘 몰라서인지, 쓰기를 꺼려서인지 문장부호 활용도가 낮은 것 같습니다. 쉼표는 그래도 쓰는데, 작은따옴표 쓰기는 주저하는 경우를 많이 봅니다.

　문장부호는 글에서 문장의 구조를 잘 드러내거나 글쓴이의 의도를 쉽게 전달하기 위해 사용하라고 만들어 놓은 도구입니다. 중의성 없이 간결하고 분명한 문장으로 표현하는 데에 문장부호를 적극 활용해 보세요.

　문장부호 규정이 있다는 사실을 모르는 사람도 많은데, 문장부호 규정은 아주 잘 마련되어 있습니다. '국립국어원 누리집 어문 규범-어문 규정 보기'로 들어가면 여러 가지 문장부호의 쓰임을 자세히 볼 수 있습니다.

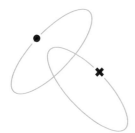

쉼표와 가운뎃점은
같은 듯 다르다

○ 　　　　　　포도, 복숭아, 자두, 사과

○ 　　　　　　포도·복숭아·자두·사과

글을 쓰면서 문장부호를 쓸 때 '쉼표랑 가운뎃점은 같은 거야, 다른 거야?' 하는 의문을 가져 본 적이 있을 것입니다. 아래 질문을 한번 볼게요.

저는 가운뎃점을 잘 사용하지 않는데, 글에서 단어를 자주 나열하다 보니 쉼표가 너무 많아서 가운뎃점도 섞어 쓰려고 합니다. 그런데 두 번째 경우처럼 쓰는 걸 거의 못 봤는데, 저렇게 써도 되나요?

- 바구니에 포도, 복숭아, 자두, 사과가 있다.
- 바구니에 포도·복숭아·자두·사과가 있다.

무언가 나열할 때에 쉼표나 가운뎃점 중 어느 것을 써야 한다는 규정은 따로 없습니다. 열거할 때에는 쉼표가 많이 쓰이는데, 짝을 이루는 어구라고 본다면 두 번째 경우처럼 가운뎃점을 쓸 수 있습니다.

예를 하나 더 볼까요.

기관 정관에 넣을 문장인데, 쉼표와 가운뎃점의 정확한 사용 방법을 모르겠습니다. 둘 중에서 어느 표기가 맞는지요?

- 습지와 습지 자원의 체계적인 발굴·보전·복원·이용 등에 관한 정책 지원·조사·연구·교육·홍보
- 습지와 습지 자원의 체계적인 발굴, 보전, 복원, 이용 등에 관한 정책 지원·조사·연구·교육·홍보

둘 중에서 어느 것이 맞다고 생각하나요?

어느 것을 고르든 틀리지는 않습니다. 위에 쓰인 쉼표, 가운뎃점은 앞의 예에서도 보았듯이 아래 문장부호 규정에 해당

하는 쓰임입니다. 그러므로 어느 쪽으로든 쓸 수 있습니다. 하지만 문장부호를 일관되게 한다면 보기가 더 좋겠지요. 가운뎃점이 짝을 이루는 어구들 사이에 쓰인다는 점에서 상대적으로 더 응집성 있게 표현할 수 있는 부호라고 봅니다. 표제어나 제목 등에 쉼표보다 가운뎃점이 많이 쓰이는 이유도 그래서가 아닐까 합니다.

○　**쉼표: 같은 자격의 어구를 열거할 때에 그 사이에 쓴다.**
- 근면, 검소, 협동은 우리 겨레의 미덕이다.
- 충청도의 계룡산, 전라도의 내장산, 강원도의 설악산은 모두 국립 공원이다.

○　**가운뎃점: 짝을 이루는 어구들 사이에 쓴다.**
- 우리는 그 일의 참·거짓을 따질 겨를도 없었다.
- 하천 수질의 조사·분석

　　쉼표와 가운뎃점이 함께 쓰인 예를 살펴보면 이 두 문장부호의 성격을 파악하는 데에 도움이 됩니다.

○　**쉼표와 가운뎃점의 구분: 어구들을 낱낱으로 열거하지 않고 일정**

한 기준에 따라 묶어서 나타낼 때에 묶음 사이에는 쉼표를, 같은 묶음에 속한 어구들 사이에는 가운뎃점을 쓴다.

- 민수·영희, 선미·준호가 서로 짝이 되어 윷놀이를 했다.
- 지금의 경상남도·경상북도, 전라남도·전라북도, 충청남도·충청북도 지역을 예부터 삼남이라 일러 왔다.

한 걸음 더

가운뎃점과 쉼표로 공통 성분 줄이기

공통 성분을 줄여서 하나의 어구로 묶을 때에도 가운뎃점 또는 쉼표를 쓸 수 있습니다. 아래와 같이 쉼표나 가운뎃점 중에서 어느 것이든 쓸 수 있지요.

- 접속 기록이 위조·변조되지 않도록 해야 한다.
- 접속 기록이 위조, 변조되지 않도록 해야 한다.

다음도 같은 예입니다.

- 상·중·하위권

- 상, 중, 하위권

- 통권 제54·55·56호
- 통권 제54, 55, 56호

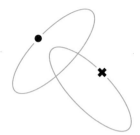

쉼표는
생략할 수도 있다

○   봄, 여름, 가을, 겨울

○   봄 여름 가을 겨울

쉼표를 쓰긴 써야 할 것 같은데 안 쓰면 더 깔끔하겠다 싶을 때가 있습니다. 아래 예에서 쉼표를 꼭 써야 할까요?

- 10. 26.~10. 28., 서울시청
- 10. 26.~10. 28. 서울시청

첫 번째와 두 번째의 차이는 기간과 장소를 나란히 적을 때에 그 사이에 쉼표를 쓰느냐 안 쓰느냐입니다. 같은 자격의 어구를 열거할 때 그 사이에 쉼표를 쓰지만, 쉼표 없이도 열거되는 내용이 쉽게 드러날 때에는 쓰지 않을 수 있습니다. 두 번째처럼 쉼표가 없어도 뜻을 이해하는 데에는 문제가 없습니다. 아래 예도 그렇습니다.

- 우리나라는 봄, 여름, 가을, 겨울의 구분이 뚜렷하다.
- 우리나라는 봄 여름 가을 겨울의 구분이 뚜렷하다.

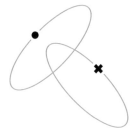

가운뎃점 해석에
유의하자

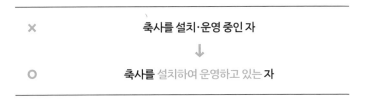

✕	축사를 설치·운영 중인 자
	⬇
○	**축사를** 설치하여 운영하고 있는 **자**

간단히 표현할 때에 가운뎃점을 쓰면 유용합니다. 하지만 가운
뎃점이 쓰여서 결과적으로 어떻게 해석되는지를 잘 살펴야 합
니다.

- **축사를 설치·운영 중인 자**

위처럼 가운뎃점을 쓰면 어떻게 해석되는지 궁금했던 적이 있나요? 이 표현의 뜻은 다음 중에서 무엇일까요?

① 축사를 설치하여 운영 중인 자

② 축사를 설치 중인 자, 축사를 운영 중인 자

가운뎃점의 쓰임에 따르면 ②로 해석됩니다. 그런데 만약 표현하고자 하는 바가 ②가 아니라 ①이라면, 즉 축사를 설치하고 나서 운영하고 있는 사람이라는 뜻을 나타내려 한다면 가운뎃점을 쓰지 말고 ①처럼 풀어서 써야 합니다. '설치하여 운영하다(설치하고 나서 운영하다)'와 같이 시간상 선후로 수식 관계를 이룰 때에는 가운뎃점 사용이 알맞지 않습니다.

더구나 위 문구가 지원 자격을 기술한 내용이라면 지원자들이 혼란을 느낄 만합니다. 큰 문제로 번질 우려도 있지요. 문장부호는 표현을 간결하게 만드는 기능을 하지만 해석에 문제가 없도록 유의해서 써야 합니다.

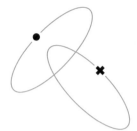

날짜 표기에 쓰는 마침표와 물결표

✕	2024.3.1. (금) ~ 4. (월)
↓	
○	2024. 3. 1. (금)~3. 4. (월)

날짜를 표기할 때에 쓰는 문장부호에 대해 질문하는 사람들도 많습니다. 대체로 마침표가 '년', '월', '일'을 대신할 수 있다는 것은 알지만, 그렇게 했을 때에 띄어쓰기를 어떻게 해야 할지 영 헷갈립니다. 또한 '년'과 '월'까지만 마침표로 구분해 주어도 될 것만 같습니다. 다음 질문도 마찬가지입니다.

'2024년 3월 1일'을 공적 문서에 어떻게 써야 하나요? 연월일 대신 마침표를 쓰려고 합니다. 그렇다면 이때 띄어쓰기는 또 어떻게 해야 하나요?

'2024년 3월 1일'에서 띄어쓰기는 그대로이고 '년', '월', '일'이라는 글자 대신 마침표를 씁니다. 그러니 '2024.3.1.'이 아니라 '2024. 3. 1.'로 씁니다. 뒤에 요일을 쓸 때에는 '2024. 3. 1.(금)'로 씁니다.

기간이 3월 1일부터 3월 4일까지임을 나타낼 때에는 물결표(~)를 이용하여 '3. 1.~3. 4.'과 같이 씁니다. 이때 물결표는 앞뒤 표기와 붙입니다. '3. 1.–3. 4.'처럼 물결표 대신 '붙임표(–)'를 쓸 수 있는데, 붙임표도 붙여 적습니다.

앞에도 3월이고 뒤에도 3월일 때에는 '3. 1.~4.'과 같이 뒤의 3월은 생략할 수 있습니다. 다만 이 경우에는 '4.'을 순간적으로 '4월'로 오해하기가 쉽습니다. 그러니 '3. 1.~3. 4.'과 같이 물결표 앞뒤에 모두 월과 일을 표시하는 것이 낫습니다. 물론 '9. 10.~14.'과 같은 경우는 뒤의 '9월'을 생략해도 (14월이 없으니) 별 오해가 없겠지요.

'년'도 기간이 두 해에 걸치면 각각 써 주어야 하지만, 한 해라면 뒤쪽에는 쓰지 않아도 됩니다.

- 2023. 2. 28.~2024. 2. 28.
- 2024. 3. 1.~3. 4.

'연월일' 중 하나만 쓸 때에는 글자를 마침표로 대신하지 않습니다. 즉 '2024년 행사'로 쓰고, '2024. 행사'나 '2024 행사'로는 쓰지 않습니다. 하나만 쓸 때에는 한글 표기를 해 주어야 분명하기 때문입니다.

'월'인 경우에는 더욱 그렇습니다. 아래에서 첫 번째 표기가 한눈에 이해하기 쉽지요.

- **5월**
- 5.

'년'만 쓸 때에 마침표가 아닌 한글로 적으면 아래와 같은 문제도 해결됩니다.

'북벌의 움직임이 제기되기도 했으나(1674. 1675)'에서 1674년에서 1675년까지 연속된 기간이 아니라 각각의 연도에 일어난 개별 사건이라 두 연도를 같이 표기하고 싶을 때에 알맞은 표기법은 무엇인가요? 연도 뒤에는 마침표를 찍어야 한다고 알고 있는데 연도 두 개를 구분하려면 쉼표도 있어야 할 것 같아서요.

위 경우에 '년'을 마침표로 대신하지 말고, '북벌의 움직임이 제기되기도 했으나(1674년, 1675년)'로 쓰면 됩니다.

한 걸음 더
'년/년도/학년도'의 구별

문서에 '2024년', '2024년도', '2024학년도' 등과 같이 '년'이나 '년도', '학년도'가 쓰이는데 이들의 차이를 확인해 볼까요.

'년, 년도'와 '학년도'는 기간 차이가 있어 구별할 수 있습니다. '년, 년도'는 기본적으로 1월 1일부터 12월 31일까지이고, '학년도'는 3월 1일부터 이듬해 2월 28일까지입니다. 그리고 '년'은 '해를 세는 단위'를, '년도'는 '일정한 기간 단위로서의 그해'를 나타냄을 참고해서 써 주세요.

그렇다면 다음 괄호 안에 각각 무엇을 쓰면 가장 좋을까요?

• 서기 2024(   )

• 2024(   ) 예산안

- **2024( ) 통학 버스 운용 계획**

첫 번째에는 해를 세는 단위인 '년'을, 두 번째에는 일정한 기간의 예산이므로 '년도'를, 세 번째에는 통학 버스가 학기에 운용됨을 고려하여 '학년도'를 쓰면 알맞습니다.

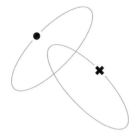

**'년' 표기에
아포스트로피(')를?**

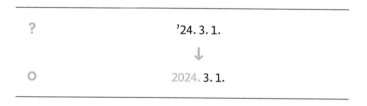

연월일 표기에 아래의 첫 번째뿐만 아니라 두 번째와 같은 표기
도 많이 보입니다. ''' 기호가 많이 쓰이다 보니 그 성격을 묻는
경우가 종종 있습니다.

- 2024. 3. 1.
- '24. 3. 1.

두 번째에 쓰인 ''' 기호는 문장부호 규정에서 다루지 않았는데, 영어에서 생략 또는 소유격을 나타내는 데에 쓰이는 아포스트로피로 보입니다.

'아포스트로피'는 영어에서 쓰이는 기호이기도 하고, 연도를 생략 없이 밝혀 적어야 정확하다는 점을 고려하면 첫 번째와 같이 쓰는 것이 바람직합니다.

그런데 이는 '틀리고 맞는' 문제라기보다는 '선택'의 문제로 볼 수 있습니다. "24년"과 '2024년'이 다 쓰이므로 선택할 수는 있다는 뜻입니다. 하지만 규범 표기는 "24년"이 아닌 '2024년'임을 알아야 하고, 공적인 글에서는 어문 규범을 준수해야 함도 인식해야겠지요.

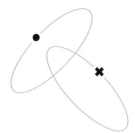

쌍점(:)

띄어쓰기

?   날짜 : 2024. 5. 5.

↓

○   날짜: 2024. 5. 5.

이번에는 '날짜는 2024년 5월 5일이다'를 쌍점을 이용하여 표기해 볼까요.

날짜: 2024. 5. 5.

날짜 뒤에 한 칸 띄고 쌍점을 찍기도 하지만, '날짜는'에서 조사 '는' 대신 쌍점을 쓴다고 생각하면 쌍점 위치를 알 수 있습니다. '년, 월, 일' 대신 마침표를 쓰고, 조사 '은/는' 대신 쌍점을 쓴다고 생각하면 되겠지요.

어문 규범에도 쌍점의 앞은 붙여 쓰고 뒤는 띄어 쓴다고 나와 있습니다. 따라서 날짜를 나타낼 때뿐만 아니라 아래와 같은 경우에도 쌍점의 앞을 붙여야 합니다.

- 만나는 장소: 학교 앞
- 과일의 종류: 사과, 포도, 배, 수박 등

하지만 시와 분, 조와 항 등을 구별할 때에나 의존명사 '대'가 쓰일 자리에 쓰는 쌍점은 그 앞뒤를 붙여 씁니다.

- 오전 10:20(오전 10시 20분)
- '국어기본법' 14:1(제14조 1항)
- 우리 반이 2:1로 이겼다.

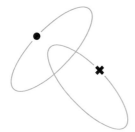

○   2024. 7. 10. ⟨수⟩

○   작은 것들을 위한 시⟨Boy With Luv⟩⟨Feat. Halsey⟩

보통 괄호라고 부르는 소괄호는 여러 가지 이유로 글에서 많이 쓰입니다. 소괄호 쓰임도 한글 맞춤법 부록의 문장부호 규정에서 자세히 설명해 놓았습니다. 소괄호 쓰임과 관련한 아래 질문을 읽어 봅시다.

우리나라 음원 사이트에서 노래를 내려받아 소장하면 태그가 입력되어 있는데요, 대체로 걸 그룹 블랙핑크라면 '블랙핑크∨

(BLACKPINK)'로 달립니다. 그래서 몇 가지 의문점이 생겼어요.

- '블랙핑크 (BLACKPINK)'와 '블랙핑크(BLACKPINK)' 둘 중에 어떻게 적어야 올바른 표기인가요?
- 노래 제목이 '작은 것들을 위한 시 (Boy With Luv) (Feat. Halsey)'일 경우에 괄호 앞, 그리고 괄호와 괄호 사이의 띄어쓰기는 어떻게 하나요?
- 두 번째 질문과 비슷한데 노래 제목이 '나와 너 (feat. 장혜진)' 인 경우도 괄호 앞에서 띄는 것이 적절한지, 붙이는 것이 적절한지 참 헷갈립니다.

위와 같이 소괄호가 쓰인 경우를 많이 보았을 텐데, 이 쓰임도 아래 문장부호 규정에서 확인할 수 있고, 소괄호 띄어쓰기도 예시와 같이 앞말에 붙이면 됩니다.

1. 주석이나 보충적인 내용을 덧붙일 때에 쓴다.
- 니체(독일의 철학자)의 말을 빌리면 다음과 같다.
- 2014. 12. 19.(금)
- 문인화의 대표적인 소재인 사군자(매화, 난초, 국화, 대나무)는 고결한 선비 정신을 상징한다.

2. 우리말 표기와 원어 표기를 아울러 보일 때에 쓴다.

• 기호(嗜好), 자세(姿勢), 커피(coffee), 에티켓(étiquette)

이러한 기준에 따라 다음과 같이 적으면 되겠지요.

• 블랙핑크(BLACKPINK)

• 작은 것들을 위한 시(Boy With Luv)(Feat. Halsey)

• 나와 너(feat. 장혜진)

첫 번째 경우는 문장부호 규정의 두 번째 쓰임에 해당합니다. 두 번째 경우에서 두 번의 소괄호와 세 번째 경우는 모두 첫 번째 쓰임에 해당합니다.

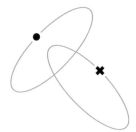

글자에
소괄호를 한다면?

○ 밥(을) 먹었어?

만약 소괄호가 앞말의 원어나 주석이나 보충적인 내용을 덧붙이는 데에 쓰이지 않고 아래처럼 쓰였다면 해석을 어떻게 해야 할까요?

'(예비)사회적 기업'으로 쓸 경우에 '예비 사회적 기업+사회적 기업'이라는 두 가지 의미를 내포한다고 할 수 있나요? 소괄호를 이렇게도 쓸 수 있나요?

이와 같이 소괄호를 쓴다면 해당 표현을 '사회적 기업'으로 이해하거나 '예비 사회적 기업'으로 이해해도 된다는 뜻입니다. 즉 '예비'는 생략될 수 있다는 의미이지요. 그런데 '사회적 기업'과 '예비 사회적 기업'이 엄연히 다르다면, 즉 '예비'라는 표현이 들어가서 의미가 달라진다면 소괄호를 쓸 수 없고, 표현하고자 하는 바에 따라 하나를 선택해서 써야 합니다.

우리가 흔히 '밥 먹었어?'라고 하고 '밥을 먹었어?'라고는 잘 안 하는데, 이처럼 목적격조사 '을'이 생략돼도 같은 뜻일 때에 소괄호를 써서 '밥(을) 먹었어?'와 같이 쓸 수 있습니다. 문장 부호 규정에 있는 아래 예들도 살펴보세요.

- **광개토(대)왕은 고구려의 전성기를 이끌었던 임금이다.**
- **종묘(제례)악은 종묘에서 역대 제왕의 제사 때 쓰던 음악이다.**

참고로 덧붙이면, 사전에 '광개토왕'과 '광개토대왕', '종묘악'과 '종묘제례악'이 동의어로 실려 있습니다.

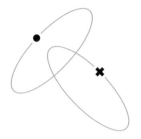

낫표(『』,「」)와
화살괄호(《》,〈〉)와
따옴표(" ", ' ')

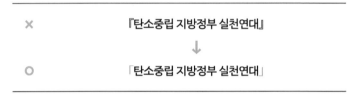

부호의 모양은 많이 보았지만 명칭은 잘 모르는 낫표와 화살
괄호! 그리고 이들 대신 쓸 수 있는 따옴표를 한번 알아보겠습
니다.

「탄소중립 지방정부 실천연대」 참여 협조 요청 공문이 와서 저희
지방자치단체가 이번에 참여하려고 참여 계획 보고서를 작성하는

중입니다. 공문 제목도 「탄소중립 지방정부 실천연대」로 홑낫표로 왔고, 환경부와 한국환경공단이 운영하는 기후변화홍보포털에도 「탄소중립 지방정부 실천연대」로 홑낫표 표기가 되어 있습니다. 그런데 동료가 홑낫표는 법률에 사용하는 부호라고 겹낫표로 해야 한다더군요. 어떤 부호를 써야 하나요?

쉽게 설명하면 소제목, 그림이나 노래와 같은 예술 작품의 제목, 상호, 법률, 규정을 나타낼 때에는 홑낫표(「」), 홑화살괄호(〈 〉), 작은따옴표(' ') 중 하나를 쓸 수 있습니다. 그리고 책 제목이나 신문 이름에는 겹낫표(『 』), 겹화살괄호(《 》), 큰따옴표(" ") 중 하나를 쓸 수 있습니다.

그러니 위 질문의 경우처럼 단체명이라면 상호에 준하여 홑낫표를 쓸 수 있겠고, 홑화살괄호나 작은따옴표도 쓸 수 있습니다.

가끔 낫표 같은 부호를 꼭 써야 하느냐는 질문을 받습니다. 특히 법률이나 규정을 여러 개 나열할 때에 홑낫표를 일일이 붙여야 하느냐고 많이 묻습니다. 해당 부호가 법률이나 규정임을 나타낼 때에 쓰라고 마련되어 있는 만큼 기본적으로는 부호를 쓴다고 생각하면 됩니다.

홑낫표를 쓰다 보면 시간이 좀 더 걸리기는 하지만, 쓰고

나면 문서가 깔끔해지고 격식을 갖춘 느낌을 줍니다. 이때 홑낫
표 대신 홑화살괄호나 작은따옴표도 쓸 수 있어요. 자신이 좋다
고, 편하다고 생각하는 부호를 하나 선택하여 '일관성 있게' 쓰
면 됩니다.

질문을 하나 더 보면서 문장부호를 잘 고르는 연습을 해 볼
까요?

책 제목을 표시할 때에는 '대한민국 보고서'와 "대한민국 보고서"
중에서 무엇이 맞나요? 또 기사를 작성할 때에 발제 제목의 표기로
'대한민국 보고서'와 "대한민국 보고서" 중에서 어떤 것이 맞나요?

이는 낫표나 화살괄호가 아닌 따옴표를 쓰려는 경우입니
다. 책 제목이라면 큰따옴표를 써서 "대한민국 보고서"로, 발제
제목이라면 소제목으로 보아 작은따옴표를 써서 '대한민국 보
고서'로 하면 됩니다.

덧붙여, 발제 제목을 소제목으로 보면 되겠다고 했는데,
'소제목'의 범위는 어디까지일까요? 겹낫표와 홑낫표 쓰임을 비
교해 보면, 책의 제목이나 신문 이름이 아닌 제목이라면 대개
'소제목'으로 볼 수 있습니다. 문서 제목, 행사나 모임의 이름 등
등이 모두 소제목의 범위에 들어갑니다.

문장에서 주의해야 할 곳이나 중요한 부분을 특별히 드러내 보이고자 할 때에 쓰는 부호를 드러냄표라고 하는데, 작은따옴표를 드러냄표로 쓸 수 있습니다. 강조하려는 마음으로 큰따옴표를 쓰기도 하지만 작은따옴표가 알맞습니다.

작은따옴표 외에도 글자 위에 점을 찍거나 밑줄을 긋는 방식을 사용할 수 있습니다. 가장 손쉽게는 작은따옴표가 많이 쓰이지만, 공적 문서에서 어떤 일의 '기한'이나 '주의 사항' 등을 두드러지게 하고자 할 때에는 밑줄을 많이 씁니다.

- 지금 필요한 것은 '지식'이 아니라 '실천'입니다.
- 한글의 본디 이름은 훈민정음이다.
- 제출 기한: <u>2024. 10. 9.(수) 13:00</u>

인용절과 명사형 뒤 마침표는 찍어도, 안 찍어도 된다

인용절과 마침표

○ "하늘은 스스로 돕는 자를 돕는다."라고 하였다.

○ "하늘은 스스로 돕는 자를 돕는다"라고 하였다.

명사형과 마침표

○ 최선을 다하기.

○ 최선을 다하기

마침표를 써야 할지 말아야 할지 고민될 때가 있습니다. '책을 읽음./책을 읽음' 둘 다 되는지 하나만 되는지, 큰따옴표로 묶이는 인용절 끝에 마침표를 찍어야 하는지 고민이 되는 것이지요.

다음 질문도 이 고민의 연장선상에서 나온 것 같습니다.

인용절의 마지막에 마침표를 써야 하는지, 쓰지 않아도 되는지 궁금합니다. 둘 중에서 어느 것이 맞나요?

- 예로부터 "하늘은 스스로 돕는 자를 돕는다."라고 하였다.
- 예로부터 "하늘은 스스로 돕는 자를 돕는다"라고 하였다.

문장 끝에 마침표를 쓰는 것이 원칙이지만, 직접 인용한 문장의 끝에는 마침표를 쓰지 않는 것도 허용합니다. 이렇게 쓸 수 있는 이유를 한글 맞춤법 부록의 문장부호 규정에서 아래와 같이 설명해 놓았습니다.

직접 인용한 문장의 끝에도 마침표를 쓰는 것이 원칙이다. 마침표를 씀으로써 비로소 문장이 완성되기 때문이다. 그런데 글 속에 직접 인용한 문장이 포함된 경우에는 현실적으로 마침표를 쓰지 않는 사례가 많기도 하거니와 큰따옴표로써 이미 인용한 문장의 경계를 확인할 수 있기 때문에, 이때는 마침표를 쓰지 않는 것도 허용된다.

또한 '-기'나 '-ㅁ/-음'이 붙은 '최선을 다하기./최선을 다하기', '이와 같이 입상하여 이 상장을 줌./이와 같이 입상하여 이 상장을 줌'과 같은 명사형으로 끝나는 문장에도 원칙, 허용에 따라 마침표를 쓰거나 쓰지 않을 수 있습니다.

명사형으로 끝나는 방식이 과연 문장이냐를 두고 해석이 다르기도 해서 마침표 사용을 두고도 견해차가 있었습니다. 그런데 명사형으로 끝나는 방식도 완결된 생각의 단위가 된다는 점에서 문장 기능을 한다고 할 수 있습니다. 그래서 명사형으로 끝나도 마침표를 찍는 것을 원칙으로 했고, 마침표 없이 쓰는 경우도 많아 이를 인정했습니다.

따라서 명사형 뒤에 마침표를 쓸지 말지를 정하여 하나의 글에 일관되게 적용하면 됩니다. 다만 명사형으로 끝나는 문장이 여러 개 이어져 나올 때에는 마침표를 써야 경계를 알 수 있겠지요.

- **저녁 6시에 밥을 먹음 밥을 먹고 나서 30분 동안 산책함**
- 저녁 6시에 밥을 먹음. 밥을 먹고 나서 30분 동안 산책함.

마침표 위치

문장 뒤에 소괄호가 이어질 때 마침표를 어디에 찍어야 할지 결정하기 어려울 때가 있습니다. 이는 문장부호 쓰임에 규정되어 있지는 않은데, 일반적으로는 문장이 끝나면 마침표를 쓰고 나서 그 뒤에 소괄호를 씁니다. 그리고 소괄호 안의 내용이 문장 형식일 때에는 아래 예와 같이 소괄호 안에도 마침표를 씁니다.

- **나는 주로 아침에 책을 읽는데, 동생은 밤중에 책을 읽는다.(동생 은 올빼미형이다.)**

더 자세한 내용을 알고 싶다면 국립국어원 누리집 어문 규범에 있는 문장부호–소괄호 해설을 살펴보세요!

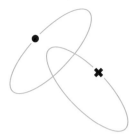

어순이 뒤바뀌면
쉼표를!

?　　　반드시 완수하겠습니다. 제게 주어진 임무를.

↓

O　　　반드시 완수하겠습니다, 제게 주어진 임무를.

글을 쓸 때 변화를 주기 위해서 어순을 뒤바꾸기도 하는데, 그
부분에 쉼표를 쓰면 뒤바뀐 어구들이 무엇인지 잘 드러납니다.
마침표를 쓰기도 하지만 쉼표가 알맞습니다. 아래 질문을 한번
볼까요.

다음과 같은 문장처럼 어순이 바뀌었을 때 마침표를 어떻게 사용

해야 할지 모르겠습니다.

- 얼마나 기다렸는지 모른다. 이 푸릇한 생명의 기운을.
  → 마침표 두 번 사용
- 얼마나 기다렸는지 모른다, 이 푸릇한 생명의 기운을.
  → 중간 쉼표, 마지막 마침표 사용
- 얼마나 기다렸는지 모른다 이 푸릇한 생명의 기운을.
  → 마지막 마침표 한 번 사용

　세 예시 중에 문장부호를 가장 잘 활용한 문장은 바로 두 번째이겠지요? 이처럼 어순이 뒤바뀐 문장에 쉼표를 쓰면 표현 변화의 효과가 더 뚜렷이 드러납니다.

　이처럼 도치문에 쉼표가 쓰인 예를 몇 개 더 보겠습니다.

- 아침밥을, 아내가 차리고 있었다.
- 보슬비가 촉촉이 내렸다, 아침부터.
- 반드시 완수하겠습니다, 제게 주어진 임무를.
- 이리 오세요, 어머님.
- 다시 보자, 한강수야.

줄임표(……, …)
쓰기

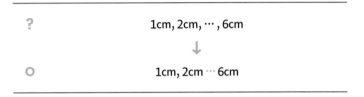

?	1cm, 2cm, … , 6cm
	↓
○	1cm, 2cm … 6cm

문장이나 글의 일부를 생략할 때에 줄임표를 쓸 수 있는데 다음
중에 어느 것이 옳은 표현일까요?

- 1cm, 2cm, … , 6cm
  → 앞뒤 쉼표 사이에 띄어쓰기를 하고 줄임표를 함
- 1cm, 2cm … 6cm

→ 쉼표 없이 띄어쓰기를 하고 줄임표를 함

- 1cm, 2cm,···, 6cm

→ 앞뒤 쉼표 사이에 띄어쓰기 없이 줄임표를 함

줄임표 앞뒤에 쉼표나 마침표 없이 두 번째와 같이 띄어쓰기만 하고 줄임표를 쓰면 됩니다. 예를 좀 더 보겠습니다.

- 갑자, 을축, 병인, 정묘, 무진, 기사, 경오, 신미 …… 신유, 임술, 계해
- '고유'라는 말은 문자 그대로 본디부터 있었다는 뜻은 아닙니다. …… 같은 역사적 환경에서 공동의 집단생활을 영위해 오는 동안 공동으로 발견된, 사물에 대한 공동의 사고방식을 우리는 한국의 고유 사상이라 부를 수 있다는 것입니다.

한 걸음 더
줄임표의 점 개수와 위치

줄임표는 점 '여섯 개' 또는 점 '세 개'로 나타낼 수 있고, 아래쪽에 찍을 수도 있습니다. 줄임표를 점 여섯 개로 하여 아래쪽에

쓸 때에는 그 뒤 마침표까지 점이 총 일곱 개가 되고, 줄임표를 점 세 개로 쓸 때에는 점이 네 개가 됩니다.

- **"어디 나하고 한번……." 하고 민수가 나섰다.**
- **"어디 나하고 한번…." 하고 민수가 나섰다.**

- "어디 나하고 한번……." 하고 민수가 나섰다.
- "어디 나하고 한번…." 하고 민수가 나섰다.

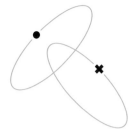

문장 끝 부호로
무엇을 쓸까?

○   안녕하세요?

○   안녕하세요.

○   안녕하세요!

가끔 문장 끝에 마침표가 아닌 느낌표를 쓰고 싶을 때가 있습니다. '고맙습니다.'보다 '고맙습니다!'로 쓰면 고마움이 더 잘 전달되는 느낌입니다. 그야말로 같은 말, 다른 느낌을 충분히 전달할 수 있지요. 그럼 이처럼 문장 끝 부호를 선택할 수 있을까요? 다음 사례를 한번 보겠습니다.

우리가 평소에 자주 사용하는 말을 예로 들어 '내가 놀기만 하는 게 아니잖아', '평소에는 이렇지 않잖아'와 같은 말을 글로 쓸 때에 물음표가 들어가야 하는지, 아니면 마침표나 느낌표를 사용해도 되는지 궁금합니다.

위의 두 문장에 쓰인 '-잖아(기본형: 잖다)'는 어떤 사실이나 상황에 대하여 말하는 사람이 상대방에게 확인하거나 정정해 주듯이 말하는 표현입니다. 그러므로 원칙적으로는 마침표를 씁니다. 그런데 강한 느낌을 나타내고자 할 때에는 마침표 대신 느낌표를 쓸 수 있습니다.

- **내가 놀기만 하는 게 아니잖아.**
- **평소에는 이렇지 않잖아.**

- 내가 놀기만 하는 게 아니잖아!
- 평소에는 이렇지 않잖아!

문자나 메일을 보낼 때에 '안녕하세요'로 첫인사를 하는 경우가 있는데 여기에는 어떤 문장부호를 쓰면 될까요?

안녕한지를 묻는 것이므로 기본적으로는 물음표를 쓴다고

생각할 수 있는데, 대답을 요구하는 내용이 아니라 인사말이므로 의문의 정도가 약합니다. 이럴 때에는 물음표 대신 마침표를 쓸 수 있습니다. 또한 앞에서 말한 대로 강한 느낌을 나타내고자 할 때에는 느낌표를 쓸 수 있지요. 즉 아래와 같이 모두 쓸 수 있습니다.

- 안녕하세요?
- 안녕하세요.
- 안녕하세요!

헷갈리는 문장부호 띄어쓰기 정리

쌍점　표제 뒤에 바로 붙임('일시는'의 '는' 대신 쌍점을 쓴다고 보면 됨)

• 일시 : 2024. 10. 9. 10:00 → 일시: 2024. 10. 9. 10:00

빗금, 가운뎃점, 물결표　앞뒤 말과 붙임

• 남반구 / 북반구 → 남반구/북반구

• 하천 수질의 조사 · 분석 → 하천 수질의 조사·분석

• 9. 15. ~ 9. 25. → 9. 15.~9. 25.

소괄호, 대괄호　앞말에 붙임

• 2024. 12. 10. (화) → 2024. 12. 10.(화)

• 시험 기간 [5. 13.(화)~5. 16.(금)]에는 도서관을 24시간 개방합니다.

　→ 시험 기간[5. 13.(화)~5. 16.(금)]에는 도서관을 24시간 개방합니다.

4장
높임 표현은
지나치지도
모자라지도
않게

손님은 무조건 높이고 보자는 분위기 때문에 음료수가 나오'시'기도 하고, 뜻만 통하면 된다고 오해하여 나보다 나이 많은 사람에게 '그건 본인이~'처럼 '본인'을 쓰기도 합니다. 무엇이 문제냐고요? 높임 표현, 쉽지만은 않지만 정도와 방향이 있습니다. 이제 높임 표현의 나침반을 따라가 봅시다.

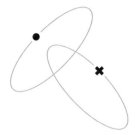

'–하다'보다
'–드리다'가 좋다?

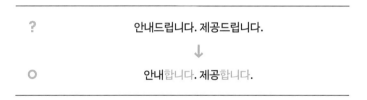

?	안내드립니다. 제공드립니다.
	↓
○	안내합니다. 제공합니다.

'–합니다'를 쓰자니 왠지 높임 표현이 아닌 것 같아 '–드립니다'를 선택할 때가 많습니다. 특히 업무상 메일이나 공문을 쓸 경우에 그 같은 선택이 두드러집니다. 그런데 '–드립니다'를 쓰면 어색해지는 경우가 간혹 있습니다. 업무상 메일이나 공문은 알맞은 표현으로 썼을 때에 신뢰도가 더욱 높아지겠지요?

- 문의합니다/문의드립니다.

- 보고합니다/보고드립니다.

- 감사합니다/감사드립니다.

- 축하합니다/축하드립니다.

- 안내합니다/안내드립니다.

- 제공합니다/제공드립니다.

위에 짝을 지어 놓은 표현들은 모두 쓰이는데 무엇이 더 나을까요? 앞엣것은 명사(문의, 보고, 감사, 축하, 안내, 제공) 뒤에 접미사 '-하다'가, 뒤엣것은 접미사 '-드리다'가 붙은 형태입니다. '-하다'는 명사를 동사로 만들고, '-드리다'는 '공손한 행위'의 뜻을 더하면서 동사를 만들지요.

그런데 문제는 '-하다'를 어느 경우에나 '-드리다'로 바꿀 수 있는가입니다. '감사드립니다, 축하드립니다'는 자연스럽습니다. 그런데 '제공드립니다, 안내드립니다'는 상대적으로 자연스럽지 않다고 여길 수 있습니다.

물론 그 단어가 '-하다'와 '-드리다' 중에서 어떤 형태로 더 많이 쓰이느냐에 따라 자연스럽다고 느끼는 정도도 다르겠지요. 하지만 '-드리다'는 '-하다'에 비해 붙을 수 있는 명사가 한정되어 있습니다. 즉 '-하다'는 자연스러운데 '-드리다'는 어색한 경우가 있지요. '-하다'와 '-드리다'의 쓰임새를 바탕으로 하여 국어사전에서는 아래와 같이 문법 정보를 다르게 기술해 놓았습니다.

* -하다 「접사」 ((일부 명사 뒤에 붙어)) 동사를 만드는 접미사
* -드리다 「접사」 ((몇몇 명사 뒤에 붙어)) '공손한 행위'의 뜻을 더하고 동사를 만드는 접미사

여기에서 문제는 '-드리다'가 어디에 붙을 수 있고 어디에 붙을 수 없는지가 정해져 있지 않다는 점입니다. 개개인의 언어 습관이나 문법적 직관에 따를 수밖에 없습니다.

다만 '-드리다'가 '공손한 행위'의 뜻을 더하므로 이러한 뜻을 나타내고자 할 때에 쓸 수 있으나 '몇몇 명사'에 한정됩니다. 이 사항만 잘 알고 있어도 표현하는 데에 조금이나마 도움이 되겠지요.

또한 공적 문서에 '보고합니다'와 '보고드립니다' 중 어느 것이 알맞은지를 묻는 경우가 있습니다. '-드리다'는 '공손한 행위'의 뜻을 더하는 말이므로, '보고합니다'보다 '보고드립니다'가 더 공손한 표현이기는 합니다. 그런데 공적 문서에 '-드리다'를 써서 '보고드립니다'로까지 표현해야 할지는 생각해 보아야

합니다. '보고합니다'도 '하십시오체'인 '‒ㅂ니다'를 써서 상대방을 아주 높이는 뜻을 나타내는 만큼 '‒드리다'로까지 표현할 필요는 없습니다.

'‒드리다'가 '공손'과 관련한 요소라고 하니 이러한 뜻을 나타내는 '‒오‒'를 쓰는 문제도 한번 볼게요. '시행하고자 하오니'와 '시행하고자 하니' 중 어느 것을 써야 할까요? '‒오‒'는 서술이나 의문에 공손함을 더해 주는데, 이 또한 공적 문서에 꼭 필요하지는 않습니다.

공적 문서에는 '적절한 경어'를 쓰면 됩니다. '적절한'의 범위가 어디까지라고 딱 잘라 말하기는 어렵지만, 공손의 뜻을 나타내는 '‒오‒', '‒드리다'가 공적 문서에서는 적절함을 조금 넘는 수준이 아닐까 합니다.

공적 문서에서는 상대방을 가장 높이는 '하십시오체(‒ㅂ니다/‒습니다)'를 쓰고, 상대방에 대하여 주체 높임의 '‒시‒'를 써서 '무엇을 보고합니다', '무엇을 시행하고자 하니 지원해 주시기 바랍니다'와 같이 표현하면 알맞습니다.

높임 표현은 상대방에 대한 주관적 인식이 많이 작용하지만, 공적 문서는 객관성을 지니므로 지나치지도, 모자라지도 않게 알맞은 정도로 높임 표현을 하면 됩니다.

동사 '드리다'와 접미사 '-드리다'

'문의하다'의 높임 표현으로 '문의를 드립니다'를 쓸 수 있느냐는 질문을 받기도 하는데, 동사 '드리다'를 써서 그와 같이 표현할 수 있습니다.

동사 '드리다'는 "윗사람에게 그 사람을 높여 말이나 인사, 부탁, 약속, 축하 따위를 하다"라는 뜻을 나타내며 '부모님께 문안을 드리다', '선생님께 말씀을 드리다'와 같이 쓰입니다.

동사 '드리다'는 '문의를 드리다'로 띄어 적고, 접미사 '-드리다'는 명사 뒤에 바로 붙이므로 '문의드리다'로 쓰면 됩니다.

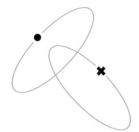

저에게 '여쭤보지' 말고 '물어보세요'

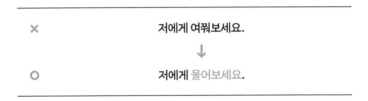

× 저에게 여쭤보세요.

↓

○ 저에게 물어보세요.

'물어보다'의 높임말 '여쭤보다'는 내가 상대방을 높일 때에 상대방에게 쓰는 표현입니다. 그런데 자신에게 '여쭤보다'를 쓰는 사람들이 의외로 많습니다. 다음과 같은 표현을 가끔 듣기도 하고 쓰기도 할 것입니다.

- 궁금하신 점은 저에게 여쭤보시면 됩니다.

상대방을 높여야 한다는 생각으로 '물어보다'가 아닌 '여쭤보다'를 썼을 테지만, '저에게 여쭤보다'는 '저(나)'를 높인 표현입니다. 즉 상대방을 높이는 표현이 아니라 말하는 자기 자신을 높이는 표현이지요.

'에게'에 해당하는 사람이 윗사람이면 '여쭤보다'를 쓰고, 자기 자신이거나 아랫사람이면 '물어보다'를 씁니다.

- 저분에게(저분께) 여쭤보시면 됩니다.
- 할아버지께 여쭤보면 알 수 있어.
- 제 친구에게 물어보시면 됩니다.

그렇다면 맨 처음에 예로 든 문장도 이렇게 표현해야 바람직하겠지요.

- 궁금하신 점은 저에게 물어보시면 됩니다.

높임 표현을
어디까지 해야 할까

?	어머니가 점심을 먹으려고 하세요.
	↓
○	어머니가 점심을 드시려고 해요.

높임 표현이 쉽지만은 않습니다. 어느 정도까지 표현해서 높여야 할지를 판단하기가 어렵기 때문입니다. 때로는 문장을 쓰거나 말을 할 때에 높임 표현이 계속 나와서 쉽게 읽히지 않거나 제대로 발음하기가 어려울 때도 있습니다. 이런 어려운 느낌을 한번 풀어 볼까요.

높임 표현이 한 문장 안에서 여러 번 중복돼도 괜찮은가요? '방금 집에 오신 어머니께서 가방을 내려놓으시며 심부름을 했는지 물어보십니다'일 경우 '오신, 께서, 내려놓으시며, 물어보십니다'라고 높임 표현이 네 번이나 들어갑니다. 이렇게 높임 표현이 중복될 때에 종결어미에만 써야 한다는 사람도 있고 다 써야 한다는 사람도 있는데, 말이 서로 달라서 뭐가 맞는지 잘 모르겠습니다.

용언이 연속될 때에 '-시-'를 쓰는 방식이 딱 정해져 있지는 않습니다. 그런데 위 질문과 같은 경우에는 높여야 할 대상이 한 행위인 '오다', '내려놓다', '물어보다'에 모두 '-시-'를 쓰는 것이 알맞다고 봅니다.

한편 높여야 할 대상에게 높임 조사 '께서'를 쓰지만 구어에서는 생략하기도 합니다.

'-시-'와 '께서'를 쓰는 문제와 관련하여 언어 예절 자료(국립국어원, 2011년)에 있는 아래의 두 내용을 참고할 만합니다.

용언이 여러 개 함께 나타날 경우 일률적으로 규칙을 세우기는 어렵지만 문장의 마지막 용언에 높임의 선어말어미 '-시-'를 쓴다. 경우에 따라서는 그 밖의 용언에도 '-시-'를 넣을 수 있다. 용언마다 '-시-'를 넣는 것이 더 높이는 말이라고 생각하여 그렇게 말하는 사

253

람들이 있으나 용언마다 '-시-'를 넣는 것은 바람직하지 않다. 지나친 존대는 도리어 예의가 아니고, 모든 용언에 '-시-'를 넣는 것이 항상 자연스럽지도 않기 때문이다. '○○가 일을 마치고 갔다'를 높여 말하는 경우 '○○가 일을 마치시고 가셨다' 또는 '○○가 일을 마치고 가셨다'라고 말할 수 있다. 그런데 '왔다가 가셨다'보다는 '오셨다가 가셨다'가 자연스러운 반면 '읽으시고 계시다'보다는 '읽고 계시다'가 적절한 말이다.

존칭의 조사 '께서', '께'는 대화에서는 잘 쓰이지 않는다. 용언의 '-시-'로도 충분히 높였다고 생각하기 때문이다. 구어에서는 '께서', '께' 등과 같은 조사보다는 '이/가', '한테' 등을 쓰는 것이 더 자연스럽다. 그러나 깍듯이 존대해야 할 사람이나 공식적인 자리에서는 '께서'나 '께' 등으로 높인다.

이와 관련하여 다른 예를 좀 더 살펴볼까요. 다음 여섯 문장은 '-어야 되다', '-려고 하다' 구성에서 어디까지 '-시-'를 써야 할지 살필 수 있는 예입니다. 가장 자연스럽게 느껴지는 표현은 어떤 건가요?

- 우리 아버지는 주말에 회의하셔야 돼요.

- 우리 아버지는 주말에 <u>회의해야 되세요.</u>
- 우리 아버지는 주말에 <u>회의하셔야 되세요.</u>

- 어머니가 점심을 <u>먹으려고 하세요.</u>
- 어머니가 점심을 <u>드시려고 해요.</u>
- 어머니가 점심을 <u>드시려고 하세요.</u>

    앞에서도 말했듯이 '–시–'를 어디까지 쓸지는 정해져 있지 않습니다. 하지만 주어를 고려할 때 첫 세 문장은 주체 높임의 '–시–'를 아버지의 행동인 '회의하다'에는 꼭 써야 하고, 나머지 세 문장은 '먹다'의 높임말인 '들다'를 쓰되 '들다'는 어머니의 행동이므로 '–시–'도 꼭 써야 합니다. 그렇다고 본다면 적어도 첫 번째 문장과 다섯 번째 문장처럼은 표현해야겠지요.

한 걸음 더
높임 표현의 기준

    문장의 주어를 높이는 '–시–'를 어디에 쓸 것이냐, 얼마만큼 쓸 것이냐는 딱 정해 놓을 수가 없는 문제입니다. 자연스럽다는 느낌도 사람마다 다르지요. 다만 높임 표현은 하지 않는 쪽보다 하는 쪽이, 덜 하는 쪽보다 더 하는 쪽이 낫다고 봅니다.

- **회의를 끝내고 선생님이 가면서 우리에게 마무리를 부탁하고 내일까지 보고를 하라고 하니……**
- 회의를 끝내시고 선생님께서 가시면서 우리에게 마무리를 부탁하시고 내일까지 보고를 하라고 하시니…….

'-시-'를 쓰는 것과 쓰지 않는 것 중에서 어떤 것을 선택해야 할까요? '-시-'를 선택적으로 적절히 사용하면 좋지만 그 기준이 뚜렷하지가 않으니, 일단 높임을 나타내는 요소들을 넣어 표현한다는 쪽으로 방향을 정하는 것이 좋습니다.

상대방에게 예의를 갖추려는 마음가짐만 있다면 높임 표현이 힘들지 않고 그 정도도 저절로 정해지리라 생각합니다.

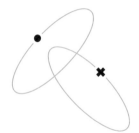

높임 대상과 비높임 대상이
'와/과'로 묶였을 때

?   선생님과 친구들에게 여쭙다.

↓

○   선생님께 여쭙고 나서 친구들에게도 물어보다.

높여야 할 대상과 높이지 않아야 할 대상이 묶여 있을 때에 높임 표현을 어디에 맞춰야 할까요? 다음과 같은 경우에는 좀 난감합니다.

- 선생님과 친구들에게 물어보았다.
- 선생님과 친구들에게 여쭤보았다.

첫 번째 문장처럼 선생님에 대하여 '물어보다'를 쓰기도, 두 번째 문장과 같이 친구들에 대하여 '여쭤보다'를 쓰기도 알맞지가 않습니다. 이처럼 높임 여부에 따라 서술어가 달라지는 '물어보다/여쭤보다'가 쓰인 문장에 둘 이상의 사물이나 사람을 같은 자격으로 이어 주는 '과'가 쓰일 때가 있습니다. 그렇다면 '과'로 묶이는 대상이 둘 다 윗사람이거나 둘 다 동년배 또는 아랫사람이어야 합니다. '부모님과 선생님께 여쭤보다', '동생과 친구에게 물어보다'처럼 말입니다.

위 두 문장에서는 '선생님'과 '친구들'을 '과'로 묶지 말고 나누어야 합니다. 예를 들어 아래와 같이 쓸 수 있겠지요.

- 선생님께 먼저 여쭤보고 나서 친구들에게도 물어보았다.

'주다/드리다', '데리다/모시다', '먹다/드시다', '읽다/읽으시다' 등도 '높임 대상'과 '비높임 대상'을 '와/과'로 묶을 수 없습니다. 그러니 다음 문장들도 위처럼 나누어서 상황 맥락에 따라 적절히 표현하면 됩니다.

- 선생님과 친구에게 책을 드렸다/주었다.
- 할머니와 동생을 모시고 왔다/데리고 왔다.

- 선생님과 친구가 과일을 <u>드신다</u>/먹는다.

- 아버지와 동생이 책을 <u>읽으신다</u>/읽는다.

- 선생님께 책을 <u>드리고</u>, 친구에게도 주었다.

- 할머니를 <u>모시고</u> 오면서 동생도 <u>데리고</u> 왔다.

- 선생님께서 과일을 <u>드시는데</u> 친구도 함께 먹는다.

- 책을 <u>읽으시는</u> 아버지 옆에서 동생도 책을 <u>읽는다</u>.

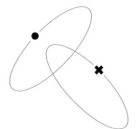

낮추는 '말씀', 높이는 '말씀'

○	제 <u>말씀</u>
○	선생님 <u>말씀</u>

'말씀'이라고 하면 대개 상대방의 말을 높일 때에 쓰는 말로 생각합니다. 그래서 '제 말씀'이나 '제가 드리는 말씀은'과 같이 자신이 한 말을 '말씀'으로 써도 되는지 많이 묻습니다. '말씀'은 남의 말을 높일 때에는 물론이고 자신의 말을 낮출 때에도 쓰입니다. 아래 문장에 쓰인 '말씀'이 모두 바르게 쓰였을까요?

- 제 <u>말씀</u>을 좀 들어 보시고 <u>말씀</u>을 하세요.

위 문장에서 앞에 있는 '말씀'은 자신의 말을 낮추어 이르는 말이고, 뒤에 있는 '말씀'은 상대방의 말을 높여 이르는 말입니다.

○ **자신의 말을 낮추어 이르는 '말씀'**

- 원장 선생님, 또 한 말씀을 여쭙고 싶습니다.
- 이 돈은 고맙게 쓰겠다고 말씀을 전해 주십시오.

○ **상대방의 말을 높여 이르는 '말씀'**

- 선생님의 말씀대로 저는 집으로 돌아가겠습니다.
- 아버님 말씀도 옳으신 데가 있습니다.

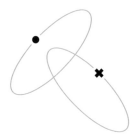

윗사람에게
'수고하다'를 쓰자니

?	선생님, 그동안 수고하셨습니다.
	↓
○	선생님, 그동안 애 많이 쓰셨습니다.

'수고하셨습니다'라는 인사말을 건넬 때에는 조심해야 합니다. 남녀노소 구분 없이 많이 쓰는 인사말이지만, 이 말을 건넨 상대방이 윗사람이라면 기분이 상할 수 있기 때문입니다.

- 회장님, 수고하셨습니다.
- 김 군, 수고했네.

내가 '회장'이라면 직원들이 나에게 첫 번째와 같이 인사할 때 기분이 어떨까요? 또한 교수님이 '학생'인 나에게 두 번째와 같이 말했다면요? 단적인 예이기는 하지만, '회장'인 나는 기분이 좋지 않았을 가능성이 크고, '학생'인 나는 아무렇지도 않았을 것입니다.

사실상 '수고하다'가 두루 많이 쓰이므로 윗사람, 아랫사람 구별 없이 인사말로 쓰면 되지 않을까 생각할 수 있습니다. 이는 쓰임새만 생각한다면 일리가 있습니다.

그런데 아래의 언어 예절 자료를 한번 볼까요. 퇴근할 때의 인사말로 쓰는 '수고하다'를 다룬 내용이기는 하지만, 윗사람에게 '수고하다'를 쓸 수 있는지를 판단하는 데에는 참고할 만합니다.

직장에서 다른 사람보다 먼저 퇴근하면서 남아 있는 사람에게 하는 인사는 '먼저 가겠습니다'와 '내일 뵙겠습니다'이다. '먼저 가겠습니다' 대신 '먼저 나가겠습니다', '먼저 들어가겠습니다' 등으로 인사할 수 있다.

'먼저 실례하겠습니다'에 대해서는 요즘에는 나이 든 사람들 가운데서도 거부감을 느끼지 않는 사람이 많은 것이 현실이나, 아직은 우리 정서에 맞지 않는 말이므로 '먼저 실례하겠습니다'를 쓰지 않는 것이 좋다.

한편 퇴근하면서 윗사람에게 '수고하십시오' 하고 인사를 하는 경우를 흔히 볼 수 있다. 이 말을 하는 젊은 사람들은 그 말이 인사말로 부적절하다는 생각을 하지 않지만, 이 말을 듣는 사람은 기분이 상할 수 있으므로 윗사람에게 쓰는 것은 바람직하지 않다. 그러나 동년배나 아래 직원에게는 '먼저 갑니다. 수고하세요'처럼 '수고'를 쓸 수 있다. 직장에 남아 있는 사람은 퇴근하는 사람에게 '안녕히 가십시오', '안녕히 가세요' 하고 인사한다. 아래 직원에게는 '잘 가세요. 수고했습니다'와 같이 인사할 수도 있다.

찬찬히 읽어 보면 알 수 있듯이 '수고하다'라는 말을 윗사람에게 쓰는 것이 적절하지 않다고 느끼는 사람이 있기도 합니다. 따라서 이러한 대상에게 '수고하다'를 쓴다면 실례가 되겠지요.

'회장'인 내가 '수고하다'는 윗사람에게 쓰기가 적절하지 않은 말이라고 생각한다면, 아랫사람이 '회장님, 수고하셨습니다'라고 인사하는 말을 기분 좋게 받아들이기 어려울 것입니다.

윗사람에게 '수고하다'를 쓰려 한다면 이 말을 듣는 윗사람이 실제로 그 표현을 언짢아할 수 있다는 것을 기억해 두세요.

하지만 아래와 같은 의견도 만만치 않습니다.

대학교에 와서 보니 '수고하셨습니다'라는 표현을 윗사람에게 사용해서는 안 된다고 생각하는 사람이 많더군요. 어려서부터 '수고하셨습니다'라고 인사하는 것이 예의라고 배워 온 저에게는 다소 충격적이었습니다. 그래서 조금 더 찾아보았더니 대체할 표현이 없다거나, 차라리 '감사합니다'를 사용하라는 의견이 많더군요. 그런데 '수고하셨습니다'는 '감사합니다'와 의미 차이가 있기 때문에 언제든 바꾸어 쓸 수 있는 말이 아니지 않습니까? 만약 대체할 단어가 있고 그 단어를 쓰는 것이 예의라면 그 단어를 쓰는 게 맞다고 생각합니다. 그러나 '수고하셨습니다'와 같이 다른 표현으로 대체하기 애매한 일부 표현에 대해서는 시대와 언어의 변화에 맞춰야 하는 것이 아닐까요? 이미 사전적 의미가 아닌 구어적 의미로서는 윗사람에게 예의를 갖추어 사용하는 말이 되었는데도 막아야 하는 표현인가 의구심이 드네요.

사실상 위와 같은 문제도 있는 만큼 '수고하다'를 대체할 만한 표현을 생각해야 할 텐데, '애쓰다' 정도의 표현은 어떨까요? 이는 정년 퇴임을 하는 분에게 '그동안 애 많이 쓰셨습니다'로 인사할 수 있다고 한 언어 예절 자료를 참고한 것입니다. 정년 퇴임을 하는 분에게 쓸 수 있는 말이라면 어떤 윗사람에게든 '수고하다' 대신 인사말로 쓸 수 있지 않을까요?

정년에 퇴임하시는 분이 자리를 떠나는 것을 위로해야 하는지, 그동안의 공적을 기리고 과오 없이 법정 기간을 마친 것을 축하해야 하는지, 그 기본 정신에 대한 국민의 의식을 올바로 헤아리는 것이 쉽지 않은 일이다. 정년 퇴임이 '축하할 일'이라는 의견과 '위로할 일'이라는 의견이 있기 때문이다. 그러나 정년은 법적으로 정해져 있는 일이므로 갑자기 맞이하는 일이 아니고, 과오 없이 법정 기간을 근무하고 정년에 이르는 것은 자신의 일을 올곧고 성실하게 한 사람만이 맞이할 수 있는 일이기 때문에 축하 인사를 해야 한다.

정년 퇴임을 축하할 때에는 '축하합니다', '경축합니다', 그 밖에도 '그동안 애 많이 쓰셨습니다', '벌써 정년이시라니 아쉽습니다' 등으로 인사할 수 있다. '그동안 애 많이 쓰셨습니다', '벌써 정년이시라니 아쉽습니다'와 같은 말은 그동안의 공적을 기리는 마음, 건강하게 공무를 수행할 수 있었던 것에 대한 축하, 지난 삶이 알찼던 것처럼 정년 뒤의 삶도 그럴 것이라는 믿음을 담고 있다. 물론 정년 퇴임을 하시는 분의 건강이나 주변 상황에 따라 더 적합한 것을 골라 쓸 수 있다.

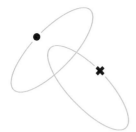

'홍길동 부장님'과 '부장 홍길동'

○ (다른 사람에 대하여) 홍길동 부장님

○ (나에 대하여) 부장 홍길동

'직책'을 앞에 쓰느냐 뒤에 쓰느냐에 따라 높임과 낮춤이 달라지므로, 이에 따라 순서를 바르게 하여 표현할 수 있습니다. 언어 예절 자료의 내용을 볼까요.

공무로 회사나 단체의 개인에게 보내는 경우, 봉투의 받는 사람 쪽에는 편지 내용의 서명란에서 '××주식회사 사장 ○○○' 한 것과 달리 '××주식회사 ○○○ 사장님' 또는 '××주식회사 ○○○ 사장 귀하'로 쓴다. 이름 뒤에 직책을 쓰는 것이 받는 사람을 높이는 것이기 때문이다.

이처럼 직책 표기 위치와 '낮춤-높임'은 관계가 있습니다. 다른 사람에게는 '홍길동 부장님(성명+직책)'과 같이 직책을 뒤에 써서 상대방을 높이고, 나를 말할 때에는 '부장 홍길동(직책+성명)'과 같이 직책을 앞에 써서 자신을 낮추는 언어 예절이 있습니다. 이를 알아 두고 바르게 써 보세요.

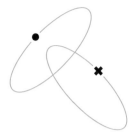

보조용언 '주다'를 쓰면
부드러워진다

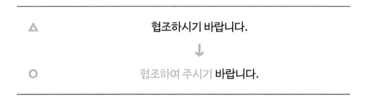

△ 협조하시기 바랍니다.

↓

○ 협조하여 주시기 바랍니다.

누군가 나에게 '이것 좀 해라'나 '이것 좀 해 주라'라고 말한다면, 둘 중 어느 표현이 모나지 않고 부드럽게 느껴지나요? 명령문 조차도 보조용언 '주다'가 들어가면 듣는 사람의 감정이 그리 상하지는 않습니다. 명령문은 듣는 사람의 마음 상태에 따라 아무 렇지 않게 들릴 수도 있지만, 상당히 불쾌하게 여겨질 수도 있으므로 보조용언 '주다'를 활용하면 좋습니다.

- **내일까지 입금하겠습니다.**
- 내일까지 입금해 <u>드리</u>겠습니다.

위에 보인 표현들도 다 쓸 수 있지만 느낌은 조금 다릅니다. 두 번째 표현이 더 부드럽고 공손한 느낌을 주지요. 첫 번째 표현에는 '드리다'가 없고 두 번째 표현에는 '드리다'가 있다는 차이입니다. 여기에는 보조용언 '주다'의 높임말인 '드리다'가 쓰였습니다.

요청, 부탁의 뜻을 전하는 아래 예에서는 보조용언 '주다'의 힘을 더 확연히 느낄 수 있지요.

- **(이번 일에) <u>협조하시기</u> 바랍니다.**
- (이번 일에) <u>협조하여 주시기</u> 바랍니다.

보조용언이 있고 없고에 따라 느낌이 달라지는 만큼, 내 생각을 상대방에게 모나지 않고 부드럽게 전달하고자 할 때에 보조용언을 넣어서 표현해 보세요.

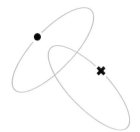

연결어미 뒤에 '요'를 써서
상대방을 높이기

○   제가 어떤 소리를 들었는데, ······.

○   제가 어떤 소리를 들었는데요, ······.

'요'는 높임 표현에서 많이 나타나는데, 이 '요'를 어디에, 어느 정도 써야 하는지 좀 애매할 때가 있습니다. 다음 질문을 살펴볼까요.

어른에게 말을 할 때 중간중간 '요'를 붙이라는 소리를 들었습니다. '어떤 소리를 들었는데요, ······'와 같이 중간에 '요'를 붙여야 한다더라고요. 저는 말을 할 때에 보통 맨 뒤가 '요'로 끝나서 중간

높임의 뜻을 나타내는 보조사 '요'는 상대높임법과 관련이 있습니다. 다만 '상대높임법'은 '빨리 가/빨리 가요'와 같이 일정한 종결어미를 선택하여 나타내므로, 종결어미가 아닌 연결어미 뒤에 '요'를 쓰는 문제는 상대높임법과 직결되지는 않습니다.

그런데 실제로 연결어미 뒤에도 '요'를 많이 붙여 씁니다. 그래서 국어사전에도 "((체언이나 부사어, 연결어미 따위의 뒤에 붙어)) 청자에게 존대의 뜻을 나타내는 보조사"라고 하여 그러한 쓰임을 실어 놓았지요.

그렇다고 한다면 상대높임법상으로는 연결어미 뒤에 '요'를 꼭 붙여야 하는 것은 아니지만, 절이 연결될 때에 연결어미에 '요'를 붙여서 '-는데요', '-지만요', '-고요'와 같이 표현할 수 있다고 보면 됩니다. 즉 '연결어미 뒤에 '요'를 꼭 붙여야 한다!'가 아니라 '연결어미 뒤에도 '요'를 붙여 높임의 뜻을 나타낼 수 있다'라고 할 수 있습니다.

위 질문을 한 사람처럼 종결어미에 '요'를 붙이면 상대방을 보통으로 높이는 '해요체'로 상대 높임을 나타낸 것입니다. '상대높임법'과 '해요체'의 뜻은 다음과 같습니다.

- 상대
  높임법

높임법의 하나. 일정한 종결어미를 선택함으로써 상대편을 높여 표현한다. 상대편을 낮추거나 높이지 않는 해라체·하게체·해체, 상대편을 높이는 하오체·해요체·하십시오체 따위가 있다.

- 해요체

상대높임법의 하나. 상대편을 보통으로 높이는 뜻을 나타내는 종결형으로, 격식체인 '하오체'와 '하십시오체'를 쓸 자리에 두루 쓰는 비격식체이다. '안녕히 계세요. 다음에 또 들르겠어요' 따위이다.

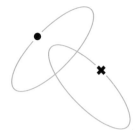

'안녕하세요'와 '안녕하십니까'

○　　　　　　　**(친근히)** 안녕하세요.

○　　　　　　　**(깍듯이)** 안녕하십니까.

인사말인 '안녕하세요'와 '안녕하십니까'는 같은 듯하면서도 다른 느낌을 주지요? 두 말이 어떤 맥락에서 쓰이는지 한번 알아볼까요.

'안녕하세요'는 손윗사람이나 직장 상사에게 사용하기에 잘못된 표현인가요?

이와 같은 질문을 왜 했을까요? 아마도 '안녕하세요'를 윗사람에게 썼다가 어떤 안 좋은 말을 들은 경험이 있겠지요.

'–세요'로 종결한 '안녕하세요'는 '해요체'로서 상대방을 보통으로 높이는 뜻을 나타내고, '안녕하십니까'는 '하십시오체'로서 상대방을 아주 높이는 뜻을 나타냅니다.

'해요체'는 비격식체, '하십시오체'는 격식체라고도 합니다. '비격식체'는 표현이 부드럽고 주관적인 느낌을 주고, '격식체'는 의례적으로 쓰며 표현은 직접적·단정적·객관적입니다.

이 두 가지를 종합해 보면 '안녕하세요'는 상대방을 보통으로 높이지만 친근하고, '안녕하십니까'는 상대방을 아주 높이지만 딱딱합니다. 둘 다 상대방을 높이는 표현이므로 상대방과 심리적으로 멀거나 가까움에 따라 어떤 표현을 쓸지 선택할 수 있습니다.

'안녕하세요'라고 인사해도 문제가 되지 않는다면 상대방도 말하는 이를 친근하게 여긴다고 볼 수 있습니다. 하지만 상대방이 말하는 사람에게 '친근히'보다는 '깍듯이' 인사받기를 바란다면, 그때는 '안녕하세요'보다 '안녕하십니까'가 더 알맞은 인사말입니다.

다른 예를 하나 더 볼까요.

'알겠지요?'의 줄임말인 '알겠죠?'는 높임말이 아닌가요? 아이가 어른에게 '알겠죠?'라고 하면 높임말이 아닌 반말을 하는 셈이 되는 건가요?

위 질문에 대해서는 어떻게 생각하나요? 어른인 나에게 어떤 아이가 '알겠죠?'라고 한다면 과연 어떨까요? 아마도 예의범절을 갖춘 태도로는 느껴지지 않을 것입니다.

이 경우는 '-지요'의 준말인 '-죠'가 주는 상대적으로 가벼운 느낌에 더하여 '요'를 쓰는 것 자체가 문제일 수 있습니다. 격식을 갖추어야 하는 대상에게는 '요'를 쓰기가 알맞지 않을 수 있기 때문입니다. 국어사전에서도 그러한 사정을 이해할 수 있도록 아래와 같이 설명해 놓았습니다.

* 요 「조사」 청자에게 존대의 뜻을 나타내는 보조사. 격식을 갖추어야 하는 상대에게는 잘 쓰지 않는다.
- 돈이 없어요.
- 기차가 참 빨리 가지요.
- 잠이 안 오는걸요.

또 이러한 예도 있습니다.

'잠깐만요'는 반말이고 '잠시만요'는 높임말인가요? 일하다가 윗사람에게 "잠깐만요"라고 했다가 지적당했는데 '잠깐만요'가 왜 반말인지 모르겠습니다.

이 질문을 한 사람이 지적당한 이유가 '잠깐만'과 '잠시만'의 문제는 아닐 것입니다. 만약 '잠깐만(잠시만) 기다려 주세요', '잠깐만(잠시만) 기다려 주십시오'라고 했다면요?

'요'만 붙인다고 높임 표현이 아닙니다. 상황 맥락에 맞게 '예의'의 마음을 잘 표현해야 합니다.

사물을
높이는 표현

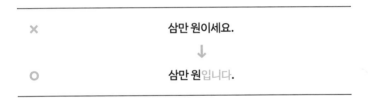

×   삼만 원이세요.

↓

○   삼만 원입니다.

요즘 이런저런 분야에서 서비스 정신이 강조돼서인지 무리하게 사물을 높이는 표현이 생겨났습니다. 높여야 할 대상과 관련된 사물을 높이는 일이 있기는 한데, 그러한 경우를 벗어나서 적절하지 않은 표현도 많이 보고 듣습니다.

상담 직원이 '그거는 유료 시설이세요'라고 했는데 이 표현이 사물 높임에 해당하나요? 또 '수영복은 원피스 형태세요'도 사물 높임인지 궁금합니다.

직업상 가격을 말해야 하는 일이 많습니다. 손님들에게 '○○○님, 이건 얼마입니다' 또는 '○○○ 님, 이건 얼마이세요'라고 말하지요. 그런데 제가 두 번째 표현으로 말할 때에 가끔 손님들이 왜 그렇게 말하느냐며 뭐라 하시더라고요. 두 번째 표현이 문법적으로 잘못됐는지 알고 싶습니다.

아마도 두 경우 모두 말하는 사람이 듣는 사람에게 높임을 나타내려고 '-시-'가 포함된 '-세요'를 썼을 텐데 '그거는', '수영복은', '가격은'은 높일 대상이 아니므로 '-시-'를 쓰지 않아야 합니다. 이렇게 표현하면 충분합니다.

- 그거는 유료 시설입니다/유료 시설이에요.
- 수영복은 원피스 형태입니다/원피스 형태예요.
- (가격이) 얼마입니다/얼마예요.

그럼 이런 표현들이 왜 생겨났을까요?
이른바 '간접 높임'이라는 표현 방식이 있는데, 앞에서 말한 사정 때문인지 간접 높임 표현이 많아지고, 그러다 보니 알맞지 않은 표현도 나타나는 듯 보입니다. 문제는 이런 잘못된 사물 높임 표현이 빠른 속도로 늘어나고 있다는 점입니다. 어딘가 지나치고 이상하다고 생각하면서도 너도나도 쓰니까 은근슬쩍 쓰는 사람들이 많아졌습니다.

'간접 높임'은 높일 대상과 관련이 있는 사물이나 현상에 대해 아래와 같이 '-시-'를 붙여 높임으로써 간접적으로 높이는 표현 방식입니다.

- **할아버지는 키가 크십니다.**
- **부모님께서 요즘 걱정이 많으시다.**
- **선생님은 정말 책이 많으세요.**

여기에서 '크다', '많다'의 직접적인 주어는 '키가', '걱정이', '책이'입니다. 이들이 높일 대상은 아니지만 높일 대상인 '할아버지', '부모님', '선생님'과 관련이 있으므로 '-시-'를 써서 높이게 되는 것이지요.

그런데 간접 높임의 범위가 정해져 있지 않다 보니, 견해에 따라 해석도 다르고 어떤 대상에까지 '-시-'를 붙일지 딱 잘라서 말하기도 어렵습니다. 다만 적절한 간접 높임 표현들을 살펴보면 높일 대상이 '가지고', '지니고' 있는 것은 대체로 간접 높임을 하는 것으로 보입니다. '키', '걱정', '책'은 높여야 할 대상이 '가지고', '지니고' 있는 것입니다. 반면 시설을 가리키는 '그거'나 '(매장에 걸려 있는) 수영복'이나 '가격'은 높여야 할 대상이 '가지고', '지니고' 있는 것은 아닙니다. 이런 점을 참고하면 '적절한 간접 높임'을 표현하는 데에 도움이 되겠지요.

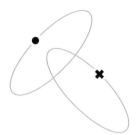

?   사장님, 이 일은 부장이 했습니다.

↓

○   사장님, 이 일은 부장님이 하셨습니다.

현관문을 열고 들어오는 아버지를 보며 손자가 할아버지에게 이렇게 말했습니다. 두 표현 중 알맞은 표현은?

- 할아버지, 아버지가 <u>오셨습니다.</u>
- 할아버지, 아버지가 <u>왔습니다.</u>

둘 다 맞습니다. 그런데 '압존법(높여야 할 대상이지만 듣는 이가 더 높을 때 그 공대를 줄이는 어법)'을 떠올리며 두 번째 문장이 맞는다고 생각할 수도 있습니다. 전통적으로는 그렇습니다. 하지만 요즘은 아버지와 아들의 관계를 고려하여 아들이 아버지에 대하여 말할 때에 높임을 나타내는 '-시-'를 넣어 첫 번째 문장과 같이 표현할 수 있다고 봅니다.

언어 예절 자료의 내용을 살펴볼까요.

부모를 조부모께 말할 때에는 '할머니/할아버지, 어머니/아버지가 진지 잡수시라고 하였습니다'처럼 부모에 대해서는 높이지 않는 것이 전통 언어 예절이다. 그러나 오늘날 이러한 전통도 변하여 부모보다 윗분에게도 부모를 높이는 것이 일반화되어 가고 있으므로 현실을 인정하여 '할머니/할아버지, 어머니/아버지가 진지 잡수시라고 하셨습니다'와 같이 부모를 부모의 윗사람에게 높여 말할 수도 있다.

한편 사회에서는 사장님 앞에서 부장님을 높여야 할까요, 낮추어야 할까요? '사장님, 이 일은 부장이 했습니다'보다 '사장님, 이 일은 부장님이 하셨습니다'로 말하는 것이 언어 예절입니다. 다시 언어 예절 자료의 내용을 살펴볼까요.

지칭 대상이 말하는 사람보다 상급자인 경우, 듣는 사람의 직위와 나이를 고려하여 '총무과장이', '총무과장님이', '총무과장께서', '총무과장님께서' 가운데 어떤 것을 써야 할지, 또 '하셨'이라고 할 것인지 '했'이라고 할 것인지를 결정하기 어렵다.

듣는 사람이 지칭 대상보다 윗사람이거나 듣는 사람이 회사 밖의 사람인 경우에 '총무과장이 이 일을 했습니다'처럼 말해야 한다고 잘못 알고 있는 사람들이 있고, 또 사원들에게 이렇게 말하도록 교육하는 회사도 있다. 그러나 이러한 직장에서의 압존법은 우리의 전통 언어 예절과는 거리가 멀다.

윗사람 앞에서 그 사람보다 낮은 윗사람을 낮추는 것이 가족 간이나 사제 간처럼 사적인 관계에서는 적용될 수도 있지만 직장에서 쓰는 것은 어색하다. 따라서 직장에서 윗사람을 그보다 윗사람에게 지칭하는 경우, '총무과장님께서'는 곤란해도 '총무과장님이'라고 하고 주체를 높이는 '-시-'를 넣어 '총무과장님이 이 일을 하셨습니다'처럼 높여 말하는 것이 언어 예절에 맞는다.

정리하면, 가정에서는 압존법을 쓰지만 이것도 교육적 차원에서 완화되어 '-시-'를 쓰고, 사회에서는 압존법을 쓰지 않는다고 할 수 있습니다.

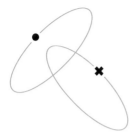

높임 표현에 대한 직관

국어 관련 상담을 하다 보면 높임 표현 문의를 많이 받는데 참 안타까울 때가 있습니다. 높임 표현에 대한 직관이 이렇게 없나 싶을 때이지요. 아래 질문 내용들을 보면 공감할 것입니다.

어머니께서 여행 중에 식당 음식 사진을 찍으셨길래 엄청 많이 드시라는 뜻으로 '배 터지게 드시고 오세요'라고 메시지를 보냈더니,

어머니께서 배 터지게 먹으라는 말은 동물들한테나 쓰는 것이라고 핀잔하셨습니다. 정말 그런가요?

'난리를 치다'라는 말을 윗사람한테 쓰면 안 되나요?

'뜬금없이'라는 단어를 윗사람에게 쓰면 버릇없는 것인가요? 나보다 아랫사람에게만 쓸 수 있는 말인가요?

'-하게 굴다'라는 말에 대해 궁금증이 생겼습니다. '귀엽게 굴다', '무례하게 굴다' 등 긍정적인 단어, 부정적인 단어 모두에 쓰이는 것 같은데 아랫사람이 윗사람에게 쓰면 예의에 어긋날까요?

자신과 대등한 사람이나 아랫사람이 올바르지 않게 행동할 때, 격이 떨어지거나 남에게 피해를 주는 행동을 할 때에는 그 상황을 표현하기 위해 쓸 수 있는 단어들이 많은 것 같습니다. 윗사람이 그럴 경우에 쓸 수 있는 말도 있는지 궁금합니다. 아니면 사회 통념상 우리가 안 쓰는 것뿐 문법적으로는 같은 단어를 써도 되는지 궁금합니다. 예를 들어 '저희 아버지는 술만 마시면 온 집 안을 설치고 다니면서 지랄 발광하십니다'라든가 '교수님이 꼰대 짓으로 아주 육갑을 떠십니다' 이런 말이요.

윗사람에게 써도 되는 표현, 쓰면 안 되는 표현이 분류되어 목록으로 있는 것도 아니니 이런 질문을 받으면 안타깝고 난감합니다. 질문 내용들을 보면 윗사람한테는 물론이고 아랫사람에게라도 가려서 써야 하는 말이거나 누구에게든 쓰지 말아야 할 말이니 더욱 그렇습니다.

높임 표현에 대한 직관력을 높이는 방법은 없을까요?

'윗사람에게 써서는 안 되는 말'은 '아랫사람이 나에게 하지 않아야(말아야) 하는 말'과 같다고 할 수 있습니다. 그러므로 윗사람인 나에게 아랫사람이 저런 표현을 했을 때에 내 기분이 어떨까를 생각해 본다면 말하는 데에 반드시 도움이 되리라고 봅니다. 내가 듣기에 거북하거나 언짢은 말은 상대방에게도 그렇기 때문입니다.

표현 직관 문제와 관련하여 아래와 같은 사례도 참고해 볼 만합니다.

한국 성우를 좋아하는 팬들은 성우분들을 흔히 '성이름 님'이라고 부릅니다. 혹은 친근하게 성을 빼고 '이름 님'이라고 부르기도 합니다. 그런데 오늘 우연히 오십 대 후반 성우분의 에스엔에스를 봤습니다. 어떤 청년 팬이 그 성우분을 '이름 님'이라고 부르니까 그 성우분이 윗사람에게 '성이름 님'도 아니고, 성을 빼고 '이름 님'이

이 같은 상황에서 쓰이는 호칭어나 지칭어가 정해져 있지는 않습니다. 하지만 호칭어 관련 자료들을 두루 살펴보면 '○○ 형/오빠/누나/언니' 등과 같은 경우는 이름만으로도 부릅니다. 하지만 윗사람에게 성을 빼고 이름만으로 '○○ 님'과 같이는 부르지 않는 것으로 보입니다. 다만 최근에는 서열을 강조하는 직함 대신 '○○○ 님'이나 '○○ 님'과 같이 정겹게 이름을 서로 부르는 직장도 있다고는 합니다.

상대방이 어떤 호칭어가 예의에 어긋난다고 느끼고 언짢아한다면 쓰지 말아야 합니다. 이것이 중요하지요. 서로 마음에 거리낌이 없어야 알맞은 호칭어입니다.

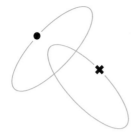

자신을 가리키는 말

?   **안녕하세요? ○○ 샘입니다.**

↓

○   **안녕하세요?** (언어를 쉽게 가르쳐 주는) **○○○입니다.**

요즘 자신을 가리켜 '○○○ 선생님', '○○○ 교수님'이라고 소
개하는 사람들을 종종 만납니다. 이렇게 자신을 소개하는 것이
적절한지 아래 사례를 통해 살펴볼까요?

요즘 인기 유튜버나 유명 강사들이 자신을 "안녕하세요? ○○ 샘
(선생님)입니다"라고 소개하는 모습을 왕왕 봅니다. 그런데 저렇

게 스스로를 높이며 자신을 존칭하는 것이 어법상 맞나요? 듣기에 거슬리고 불편합니다.

이런 말이 예전부터 쓰여 온 자연스러운 표현이라면 거슬리고 불편한 감정을 느끼게 하지는 않을 것입니다. 그렇다면 어떻게 말하면 좋을까요?

언어 예절 자료를 참고하면, 여러 사람 앞에서 자기를 소개할 때에 '처음 뵙겠습니다. ○○○입니다'라고 하거나 '안녕하십니까? ○○○입니다'라고 할 수 있습니다. 그래서 위와 같은 경우에도 이렇게 자기소개를 하면 되겠지요.

- 안녕하세요? 저는 (여러분에게 무엇을 어찌하는) ○○○입니다.

한 걸음 더
특이한 지칭어

자기를 가리키는 말과 관련하여 특이하게도 '선생님'이나 '할머니, 아빠, 엄마, 이모 등의 친족어'는 이 말 그대로가 자신을 가리키는 말로 쓰이기도 합니다.

- 선생님: (학생에게) 응, 그건 <u>선생님</u>이 설명해 줄게.
- 할머니/아빠/이모: (손주나 자녀나 조카에게) 그래, <u>할머니/아빠/이모</u>가 책을 가져다줄게.
- 부장: (아래 직원 앞에서) 응, 그건 <u>부장</u>이 처리할게.

첫 번째, 두 번째 예시에서 '내가 설명해 줄게', '내가 가져다줄게'와 같이 '내가'를 쓰지 않고 '선생님, 할머니, 아빠, 이모'로 자기 자신을 지칭했습니다. 별로 어색하지 않고 자연스럽습니다. 반면에 세 번째 예시에서는 '내가 처리할게'와 같이 말하고 '부장'으로 지칭하지는 않습니다. '부장이 처리할게'는 영 어색합니다.

좋은 문장 표현에서
문장부호까지!

초판 1쇄 2024년 2월 5일
초판 16쇄 2024년 8월 20일

지은이 이수연
펴낸이 정은영
편집 정지연, 한미경
마케팅 정원식
디자인 마인드윙

펴낸곳 마리북스
출판등록 제2019-000292호
주소 (04037) 서울시 마포구 양화로 59 화승리버스텔 503호
전화 02)336-0729, 0730 **팩스** 070)7610-2870
홈페이지 www.maribooks.com
Email mari@maribooks.com
인쇄 (주)신우인쇄

ISBN 979-11-93270-13-4 (03700)